对外贸易、FDI 与收入差距研究

陈慧慧　著

中国财经出版传媒集团
中国财政经济出版社

图书在版编目（CIP）数据

对外贸易、FDI 与收入差距研究／陈慧慧著. —— 北京：中国财政经济出版社，2023.7
ISBN 978 - 7 - 5223 - 2249 - 0

Ⅰ.①对… Ⅱ.①陈… Ⅲ.①国有企业－企业改革－研究－中国 Ⅳ.①F279.241

中国国家版本馆 CIP 数据核字（2023）第 096451 号

责任编辑：高文欣 　　　　责任印制：史大鹏
封面设计：卜建辰 　　　　责任校对：张　凡

中国财政经济出版社 出版
URL：http://www.cfeph.cn
E - mail：cfeph@ cfeph.cn

（版权所有　翻印必究）

社址：北京市海淀区阜成路甲 28 号　邮政编码：100142
营销中心电话：010 - 88191522
天猫网店：中国财政经济出版社旗舰店
网址：https://zgczjjcbs.tmall.com
北京财经印刷厂印刷　　各地新华书店经销
成品尺寸：170mm×240mm　16 开　10.75 印张　171 000 字
2023 年 8 月第 1 版　2023 年 8 月北京第 1 次印刷
定价：68.00 元
ISBN 978 - 7 - 5223 - 2249 - 0
（图书出现印装问题，本社负责调换，电话：010 - 88190548）
本社质量投诉电话：010 - 88190744
打击盗版举报热线：010 - 88191661　QQ：2242791300

前　言

中国式现代化理论是党的二十大一个重大理论创新，是科学社会主义的最新重大成果。全体人民共同富裕是中国式现代化的本质要求，党的二十大也强调，坚持把实现人民对美好生活的向往作为现代化建设的出发点和落脚点，着力维护和促进社会公平正义，着力促进全体人民共同富裕，坚决防止两极分化，可以看出，全体人民生活水平的提高和平衡增长是实现共同富裕的重要方面，而缩小收入差距是实现共同富裕的重要途径，因此缩小收入分配差距、促进收入平衡是经济学者重点关注的问题之一。居民收入差距过大会影响人民的幸福感，并且关系到社会经济发展、繁荣与稳定。如果居民贫富差距过大，将不利于国家和社会的稳定发展，合理地解决这个问题有助于我国经济健康、有序的可持续发展。在经济全球化浪潮下，随着改革开放的深入，中国经济获得了长足发展，贸易开放和引进外商投资作为经济全球化的基本特征曾为中国经济发展做出了重要贡献。一方面，以对外贸易和外商直接投资为代表的经济开放带来经济高速增长、国民收入水平提高、产业结构升级；另一方面，作为发展中国家的中国，也面临贸易和外资开放所带来的收入差距扩大的困难局面。在对外贸易、外商投资开放的背景条件下，分析外资、贸易与收入差距的关系及影响机制，并思考行之有效的解决途径尤为重要。

本书首先采用理论和经验二分法展开对收入分配研究的回顾与梳理，进行我国对外贸易、外商直接投资对收入分配影响研究的文献讨论，通过对理论发展脉络和经验研究的比较和归纳，完成对现有对外贸易、外商直接投资对收入分配问题影响的清晰认知；并在此基础上，结合中国国情，探讨相关的理论和实证方法的适用性与选择问题。进而从对外贸易、外商直接投资和收入分配的发展脉络和事实归纳出发，从历史和空间视角梳理我国对外贸易、外商直接投资及收入分配发展历程，然后归纳总结了对外贸易、外商直接投资影响收入差距的机制，利用数据挖掘的技术，将影响城乡居民收入差距中有关对外贸易、外商直接投资、人均国内生产总值、固定投资以及受教育程度等因素引入实证研究模型，并特别用进口依存度和出口依存度作为代表贸易开放度的变量，引入各变量的平方项进行拟合验证，得出关于对外贸易、外商直接投资对城乡居民收入差距具有显著影响的结论。对外贸易、外商直接投资与城乡收入差距均呈现出"U"形特征，表明我国城乡收入差距随着出口依存度的增加，呈现出先降低后升高的过程，即在其他因素不变的情况下，当出口依存度小于47.8%时，随着出口依存度的提高，城乡收入差距随之缩小；当出口依存度大于47.8%以后，出口依存度降低城乡收入差距亦随之拉大。在其他因素不变的条件下，当外资依存度小于10.5%时，城乡收入差距随着外资依存度增加而降低；当外资依存度大于10.5%之后，城乡收入差距随着外资依存度增加而拉大。

  本书的框架及内容分为七章，第一章，简述了本书的研究价值、选题内容，以及总体内容框架、书中重要概念以及本书的创新点与不足。第二章，文献回顾与综述，运用历史视角采用理论和经验二分法展开对收入分配研究的回顾与梳理、进行我国对外贸易、外商直接投资对收入分配影响研究的文献讨论。第三章，分别对我国对外贸易、外商直接投资开放进程和我国收入分配情况进行了梳理和归纳。第四章，列举主要讨论的经济变量即贸易开放度、外资开放度、收入差距的各项变动测度指标，并进行了比较筛选，为模型数据和变量选择提供研究基础。第五章，在国内外学者关于对外贸易、外商直接投资对收入分配的机制分析的理论研究及经验研究基础上，归纳总结了对外贸易、外商直接投资影响收入分配的几种机制。第六章，实证研究部分，为更好地分析验证对外贸易、外商直接投资对收入差距的影响，将我国人均国内生产总值（GDP）、外资依存度、进口或/和出口依存度、固定投资率、人均受教育年限的平方项引入实证模型，样本数据选择2001年至2021年我国共30个省、自治区和直辖市的数据（其中由于西藏数据缺失较多，未包含西藏地区数据），采用面板数据分析方法进行研究，得出对外贸易（特别是出口贸易）、外商直接投资对城乡居民收入差距具有显著性影响的结论。第七章，政策建议部分是基于前文理论与实证研究的基础上，针对我国当前对外贸易、外商直接投资开放背景下，如何改善城乡居民收入分配问题提出的相关政策和建议。

本书通过梳理文献与实证研究，立足我国当前对外贸易、外商直接投资开放背景，针对如何改善城乡居民收入分配问题提出了相关政策和建议。本书结合丁伯根原则，认为基于价值理性，通过外资政策、贸易政策和收入分配政策三方面的政策协同作用，可以实现我国经济可持续发展，并解决我国城乡居民收入分配问题，为包容式社会经济健康发展提供政策思考。

目录

第一章　导论 ……………………………………………………………… 1

第一节　研究背景 ………………………………………………………… 1
第二节　问题的提出 ……………………………………………………… 2
第三节　研究目的及意义 ………………………………………………… 3
第四节　研究思路与方法 ………………………………………………… 5
第五节　研究内容与结构 ………………………………………………… 7
第六节　重要概念及资料来源 …………………………………………… 9
第七节　本书可能的创新与不足 ………………………………………… 13

第二章　文献回顾与综述 ……………………………………………… 15

第一节　收入分配问题的研究综述 ……………………………………… 15
第二节　对外贸易、外商直接投资与收入分配问题研究综述 ………… 28
第三节　本章小结 ………………………………………………………… 39

第三章　我国对外贸易、FDI 与收入差距现实背景 ………………… 41

第一节　我国对外贸易发展现状分析 …………………………………… 41
第二节　中国 FDI 发展现状分析 ………………………………………… 58
第三节　我国收入差距现状分析 ………………………………………… 67
第四节　本章小结 ………………………………………………………… 78

第四章　对外贸易、FDI 与收入差距的测度 ………………………… 81

第一节　对外贸易开放度衡量指标——对外贸易依存度 ……………… 81

第二节 外资开放度测量指标——外资依存度 ………………… 84
第三节 收入差距衡量指标 ……………………………………… 86

第五章 对外贸易、外商直接投资对收入差距影响的机制分析 …… 98

第一节 对外贸易与城乡收入差距变化的机制分析 …………… 98
第二节 外商直接投资与收入差距变化的机制分析 ………… 107

第六章 对外贸易、外商直接投资对城乡收入差距的实证分析 …………………………………………………………… 115

第一节 资料来源及模型选择 ………………………………… 115
第二节 模型估计结果 ………………………………………… 124
第三节 本章小结 ……………………………………………… 133

第七章 主要结论及改善我国收入分配问题的对策思考 ………… 136

第一节 主要结论 ……………………………………………… 136
第二节 改善我国收入分配问题的对策思考 ………………… 138

参考文献 …………………………………………………………… 145
后　　记 …………………………………………………………… 163

第一章 导 论

对外贸易、外商直接投资（FDI）与收入差距是本书的重点研究方向和内容，本章简述了本书的研究目的、背景、方法以及结构框架，在我国收入分配问题突出的大背景下，本书的研究具有重要的现实意义。本章详细阐述本书的大体思路，并且在本章最后说明了研究内容的缺陷和不足，力求在后续的研究中得以改进和弥补。

第一节 研究背景

本书为对外贸易、外商直接投资（FDI）与收入分配关系研究，主要是基于以下两点：第一，现阶段中国收入分配问题突出，改善收入分配现状是经济发展及社会民生的现实需要。近年来，随着对外贸易开放度提高，外商直接投资规模增长，从现象上看我国的居民收入差距也有所增大，在数据资料整理基础上对此进行实证研究具有重要意义。第二，基于对外贸易、外商直接投资（FDI）与收入分配关系目前的研究现状，致力于以新视角研究我国收入分配问题，力求发现影响收入分配的主要因素，并给出调整收入分配的有效措施。

对外贸易与收入分配的关系作为学者关注的重点由来已久，在探索对外贸易促进经济增长，促进收入增长理论的同时更关心收入分配问题。传统国际贸易理论开辟了研究收入分配问题的方向和框架，但在全球化背景下，各国开展贸易活动的环境在不断变化，因此，研究对外贸易与收入分配关系具有深远的理论价值。以中国为例，中国自1978年改革开放以来，地区收入差距、城乡收入差距、个人收入差距呈扩大趋势，引起了学术界的广泛关注。从研究文献来看，大部分学者从收入差距的某个方向，例如地区收入差距进行研究，而本书认为对外贸易、FDI与收入差距三者相互交织，综合研究更具价值；大多数文献分析了中国经济转型、市场化改革的背景之下体制因素、要素配置因素、生产效率因素等国内改革因素对收入分配的影响，相对忽视了贸易开放因素对收入分配的影响，本书主要以对外贸易、外商直接投资（FDI）为切入点分析其对收入差距的影响，着重于研究贸易规模增长、贸易开放度变化（涉及贸易自由化过程）、贸易政策、贸易战略变化等协同外商直接投资与收入差距的关系。

本书认为探讨对外贸易、外商直接投资（FDI）如何影响中国收入分配具有较重要的理论与现实意义。

第二节 问题的提出

马克思在《资本论》中对平等理想进行了阐述。收入分配问题是任何国家在经济发展过程中都无法忽视和跨越的问题。如何使社会的贫富差距过大的现象得以缓解、使人们得到合理的收入是各个国家都重点关注的问题。收入分配关系到国家的整体发展，关系到市场经济的发展和人民的生活质量，如果社会的收入分配失衡问题过于严重，就会扰乱社会秩序，造成人民群众的矛盾激化，影响社会的稳定发展。我国的收入分配制度的建设需要依据我国的国情，自改革开放以来，我国就一直沿着特色社会主义市场经济道路发展，并且取得了良好的效果，但是收入分配问题仍然是亟待解决的问题，收入分配失衡的加剧为我们追求社会可持续健康发展提出了巨大挑战，针对与此有关的问题，中国社会科学院、国家发展和改革委员会社会发展研究所、国务院发展研究中心、世界银行、联合国发展计划署等都将其作为机构的重点课题之一。目前，国内外学术界对我国收入分配失衡问题进行了大量实证研究。而且中国共产党历来重视人民的获得感，党的一系列政策文件都将提高居民收入和实现社会公平作为民生建设的重点，党的二十大报告中更是重点论述了"增进民生福祉，提高人民生活品质"的相关部署和要求，强调必须坚持在发展中保障和改善民生，要实现好、维护好、发展好最广大人民根本利益，紧紧抓住人民最关心最直接最现实的利益问题，坚持尽力而为、量力而行，深入群众、深入基层，采取更多惠民生、暖民心举措，着力解决好人民群众急难愁盼问题，健全基本公共服务体系，提高公共服务水平，增强均衡性和可及性，扎实推进共同富裕。学界研究成果和政策进展为本书中关于我国收入分配变迁和政策研究提供了丰富的背景资料和启示。面对我国城乡居民收入分配问题与对外贸易、外商直接投资进程相伴相生，我们不禁思考：这是偶然巧合还是暗含关联，对外贸易、外商直接投资对我国城乡居民收入影响如何？有鉴于此，本书尝试解决如下几个方面的问题：首先，随着对外贸易、外商直接投资不断放开，通过梳理我国对外贸易、外商直接投资的发展历程和现状，分析同期我国城乡居民收入分配发生了什么样的变化？

其次，我国对外贸易、外商直接投资与城乡居民收入差距之间存在何种关联？传统的斯托尔帕·萨缪尔森定理关于发展中国家收入分配格局会随着贸易开放而得到改善的假设结论为何在我国没有出现，原因何在？本书从我国的基本国情出发，去探究对外贸易的发展以及外商直接投资的引进是否对我国收入分配问题有影响，通过何种途径，影响如何。

最后，如果对外贸易、外商直接投资对城乡居民收入的影响是显著的，我们应该如何在改革开放的大背景下，积极有效地解决这个问题？结合我国的基本国情，参考国外的治理策略以及相关现象的解决方案，本书希望为改善我国收入分配问题提供一些较为可行的参考意见。

第三节　研究目的及意义

一、研究目的

目前，关于收入分配失衡问题的研究比较广泛。学者们尝试从多领域、多视角去寻找答案。学者们从经济全球化、人力资本市场、受教育程度、城镇化推进、区域经济发展、产业结构、信息不对称等方面都进行了广泛探讨，这些角度的研究极大丰富了收入分配研究的广度，并为本书研究提供了导向。另外，随着我国经济的飞速发展，计算机技术的广泛应用，统计学和计量经济学的研究工具及方法也有了更多选择。但目前仍不存在一个统一的收入分配理论来成为解决一国收入分配失衡问题的万能钥匙；也不存在某种标准的经验研究方法来验证事实。任何一个社会或国家自身的特征是无法完全统一到某一个具体的理论或经验研究中去的。从学术角度而言，作为国别案例，本书的研究目的在于尝试将实证研究与规范分析相结合，立足历史和空间的视角，分析我国的收入分配失衡问题，综合运用已有跨学科理论，给出在收入分配经济理论尚乏系统研究的背景下的一种可行性研究方案。

本书立足于我国基本国情，本着梳理现有参考文献、分析现状、循证原因、借鉴经验、寻求对策模式来展开对我国对外贸易、外商直接投资开放与我国城乡居民收入分配问题的研究，以期对城乡居民收入分配问题实现合理的认知、系统的诠释并给出可行的政策建议，通过缩小收入差距，促进社会平稳、和谐的发展，实现共同富裕，使得人们的生活水平能够得到有效提高。本书最终研究目的在于为解决我国城乡居民收入分配失衡问题，实现我国经济高质量发展提供有益的思路与参考。

二、研究意义

就学术意义而言，作为经济学和社会学的基本问题之一，关于收入分配研究的重要性不言而喻。尽管对于收入分配失衡（或说不平等）的关注和研究从未淡出过经济学家的视角，但是由于福利经济学在20世纪三四十年代备受质疑，人们更加倾向于重视效率问题而忽视收入公平的课题。我国在改革开放的大背景下，为提高综合实力，大力发展经济，也推行效率优先的政策，随着收入分配失衡的凸显，我国的相关部门和学者开始重视收入分配问题。随着经济全球化的发展，学者们关于收入分配的研究热情回归。研究中，学者们开始关注对外贸易、外商直接投资对收入分配的影响。但是鉴于劳动要素是古典经济学的研究起点，且工资作为劳动要素的报酬，其高低变化不仅关系到社会中从事劳动工作的个人自身和其后代的生存和发展，而且关系到一国经济的发展和社会的稳定，因此国内外大多数关于对外贸易、外商直接投资开放对收入分配影响的理论和经验研究文献往往是围绕工资收入差距特别是熟练技能劳动者与非熟练技能劳动者之间的收入差距问题展开的，而且结论也并不统一。

时至今日，关于对外贸易、外商直接投资开放与收入分配关系的研究仍存在许多可拓展的空间。面对我国城乡居民收入分配问题的特质，以及我国特有的历史背景和现实国情，基于我国的案例研究对理解对外贸易、外商直接投资开放对城乡居民收入分配影响的现实基础和作用机理,拓展城乡收入分配问题的研究广度具有积极意义。

就实践意义而言,改革开放四十多年来,我国的经济发生了翻天覆地的变化。这期间,经济体制变革、结构调整、开放逐步推进和扩大,经济飞速增长,同时城乡居民收入差距也在不断扩大。一方面,我国的非熟练劳动者和农村大量的剩余劳动力支撑起我国经济强劲增长;另一方面,快速的经济增长并非惠及全民,贫富差距日益扩大。如何在以对外贸易、外商直接投资开放为基本特征的全球化背景下,解决好我国城乡收入分配失衡问题,是实现和谐社会、实现共同富裕的重要前提。在我国城乡居民收入差距不断扩大的今天,现有的理论与国别经验可能无法为我们提供现成对策。面对国内环境、劳动成本压力以及世界经济增长放缓等内外的宏观、微观环境的变迁,基于国情,归纳和梳理对外贸易、外商直接投资开放对我国城乡居民收入差距影响的机制,具有重要实践指导意义。这不仅有利于在研究的逻辑归纳与演绎中避免将问题过于简单化,同时在政策层面,考虑到对外贸易、外商直接投资开放的正福利效应可以在一定程度上缓解我国再分配调节中存在的制度、资金和政策约束,还可以为我国未来改善城乡居民收入分配状况的政策调整提供更大选择空间。

第四节 研究思路与方法

尽管库兹尼茨假说为收入分配失衡存在的合理性给出一个时间范畴,但我国目前正在经历的收入分配日益失衡是否会长期存在却尚无确定的答案。在此背景下,这种收入分配失衡现象背后究竟是何机理,未来如何选择最优的政策路线成为学者和政策制定者所关注的焦点。本书先从对外贸易、外商直接投资开放和收入分配的发展脉络和事实归纳出发,从历史和空间视角梳理事实,然后通过梳理对外贸易、外商直接投资影响收入差距的机制,进而利用数据挖掘的技术,将影响城乡居民收入差距的对外贸易、外商直接投资、人均国内生产总值、固定投资以及受教育程度等因素引入实证研究模型,并特别用进口依存度和出口依存度作为变量,引入变量的平方项进行拟合验证,得出对外贸易、外商直接投资对城乡居民收入差距具有显著影响的结论,并在实证研究的结论启示下，针对我国国情尝试提出相关政策建议。

收入分配本质上属于一项跨学科研究项目。即使仅仅从对外贸易、外商直接投资开放的视角展开探讨，也存在诸多的切入点和方法选择。20世纪后半期，以萨缪尔森为代表的西方主流经济学提倡的是一种实证精神，学者们最大限度地运用自然科学成果于经济学领域，推动了经济学向科学性、规范性发展。然而实证经济方法，却无法回避证实的困难和证伪的缺陷。造成作为社会科学分支的实证研究也有脱离社会之嫌，因此，近年来相关规范研究发展迅速。本书讨论的是我国社会生活中关系民生的重要问题，因此需要兼顾论证的科学，逻辑的严谨以及社会之正义。因此本书的研究方法是实证分析与规范分析兼而有之。本书在关于问题描述和分析部分多采用实证分析以体现论据的充分和严谨；而在归因与经验讨论和政策取向分析部分则融入了价值判断的规范分析方法。

根据各部分的研究内容，本书选择了相应的具体研究方法：

在文献研究部分，本书主要使用历史与比较的研究方法，从历史变迁的视角，梳理了有关对外贸易、外商直接投资开放与收入分配问题的文献研究的历史发展脉络，对经济理论从古典到新古典、到现代理论发展轨迹以及经验研究中的技术方法均进行了回顾和比较，分析了在不同历史条件下国内外学者关于收入分配问题的思考模式。本书通过对外贸易、外商直接投资开放的角度对收入分配问题研究文献的异同进行比较，为准确把握贸易、外资开放与城乡居民收入差距的关系提供较丰富的文献研究基础。

在分析对外贸易、外商直接投资及收入差距情况，对外贸易、外商直接投资开放及收入差距测度，以及影响机制部分，本书采用定性与定量相结合的方法，通过运用大量的图表和数据信息，形象具体地描述了对外贸易发展、进出口贸易结构、收入差距等不同经济变量的变动趋势，有利于加强对中国对外贸易、外商直接投资与城乡收入差距关系的论证。在国内外学者关于对外贸易、外商直接投资对收入分配的机制分析的理论研究及经验研究基础上，归纳总结了对外贸易、外商直接投资影响收入分配的几种机制。

在实证研究即模型设计部分，为更好地分析验证对外贸易、外商直接投资对收入差距的影响，本书受国内学者王小鲁以非线性模型来检验收入差距与经济发展水平之间的是否存在倒"U"形关系的启发，将人均国内生产总值

(GDP)、外资依存度、进口或/和出口依存度、固定投资率、人均受教育年限的平方项引入实证模型，样本数据选择2001年至2021年我国30个省、自治区和直辖市（其中由于西藏数据缺失较多，未包含西藏地区数据），采用面板数据分析方法进行研究，得出对外贸易（特别是出口贸易）、外商直接投资对城乡居民收入差距具有显著性影响的结论。

最后，本书在实证与规范研究基础上提出对改善收入分配失衡问题的政策建议。

第五节　研究内容与结构

第一章，导论。这一部分主要介绍本书的选题背景、研究目的和意义、研究思路、方法与内容安排、书中重要概念以及本书的创新点与不足。

第二章，文献回顾与综述。这一部分为理论综述和经验分析部分，主要是探讨经济理论对于论题的主要作用，以及应用经济理论展开对实际问题分析的前提。运用历史视角采用理论和经验二分法展开对收入分配研究的回顾与梳理、我国对外贸易、外商直接投资开放对收入分配影响研究的文献讨论。本书将通过对理论发展脉络和对经验研究的比较和归纳，完成对现有对外贸易、外商直接投资开放对收入分配问题影响的清晰认知，并在此基础上，结合中国国情，探讨相关的理论和实证方法的适用性与选择问题。此部分是本书研究的基础和重要前提。

第三章，分别对我国对外贸易、外商直接投资开放进程和我国收入分配情况进行了梳理和归纳。

第四章，列举主要讨论的经济变量即贸易开放度、外资开放度、收入差距的各项变动测度指标，并进行了比较筛选，为模型数据和变量选择提供研究基础。

第五章，在国内外学者关于对外贸易、外商直接投资对收入分配的机制分析的理论研究及经验研究基础上，归纳总结了对外贸易、外商直接投资影响收入分配的几种机制。

第六章，实证研究部分，为更好地分析验证对外贸易、外商直接投资对收入差距的影响，将人均国内生产总值（GDP）、外资依存度、进口或/和出口依存度、固定投资率、人均受教育年限的平方项引入实证模型，样本数据选择2001年至2021年我国共30个省、自治区和直辖市（其中由于西藏数据缺失较多，未包含西藏地区数据），采用面板数据分析方法进行研究，得出对外贸易（特别是出口贸易）、外商直接投资对城乡居民收入差距具有显著性影响的结论。

第七章，是前文理论与实证研究的基础上，针对我国当前对外贸易、外商直接投资开放背景下，如何改善城乡居民收入分配问题提出了相关政策和建议。这一部分将结合丁伯根原则，基于价值理性，提出如何通过外资政策、贸易政策和收入分配政策三方面的政策协同作用，在实现我国经济可持续发展同时，解决我国城乡居民收入分配失衡问题，力图给出实现包容式社会经济健康发展的政策建议，本书的研究框架如图1-1所示。

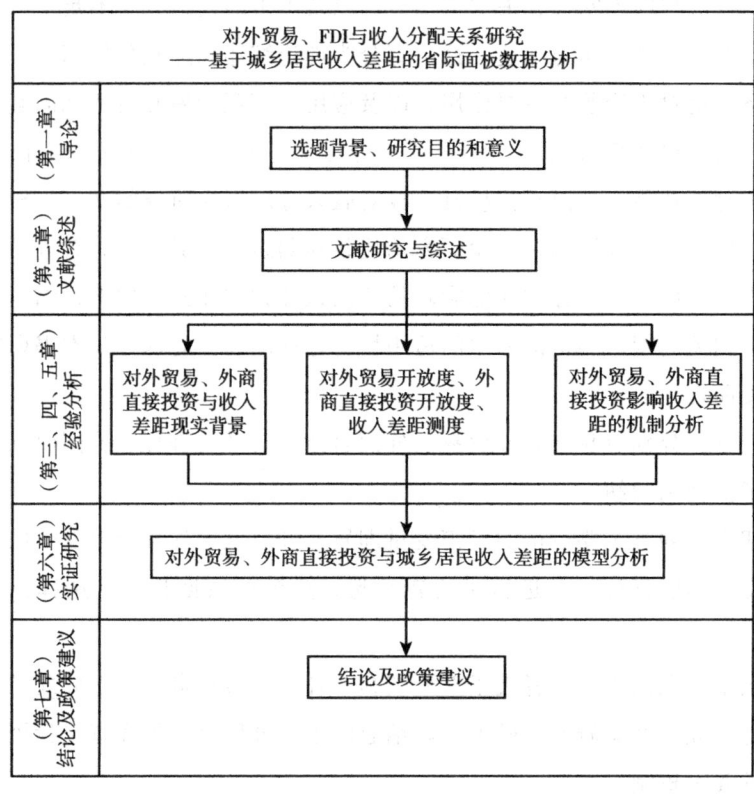

图1-1　本书整体的研究思路与框架

第六节 重要概念及资料来源

一、关于收入分配与收入不平等的相关概念

（1）收入分配。"收入分配"（income distribution），常被译为"收入分配"或"收入分布"，指收入在特定人口中的分布情况。学者程永宏（2013）指出在市场经济条件下谈论"收入分配"是无意义的，[①] 本书也认同此种说法。我国经历了由计划经济体制向市场经济体制转型的历程，在计划经济体制思维下将 income distribution 译为"收入分配"具有历史当期的合理性，即政府可以把国民收入在全体国民之间进行某种指令性的、有意识的"分配"。随着市场经济体制时代到来，市场将国民收入在各要素所有者之间自发地、无意识地进行初次"分配"，政府通过税收、转移支付、社会保障制度等经济手段对国民收入的初次分配进行调节，进行所谓的"再分配"。因此在市场经济体制下译为"收入分布"更具有意义。本书为秉承研究连续性沿延续用"收入分配"的概念，实质是在"收入分布"的意义上使用"收入分配"这一概念的。

（2）收入不平等指数。"收入不平等"是对收入分配状况的一种定性描述，指一定时期内收入在一定数量个体之间非平均分布的状况。收入不平等程度可以用一些定量的方法加以描述。比如向量列举法，将每一个体的收入作为向量的元素一一列举；收入分布函数描述法，将每一收入水平以下的个体数量占全部个体数量的比例记录下来；曲线记录法，洛伦兹曲线可以把每一百分比人口数所占有的收入百分比记录下来。收入向量、收入分布函数和洛伦兹曲线都是向量或函数形式，可以完整地记录收入分布的全部信息，但使用不便且难以对不同收入分布状况进行比较。于是，经济学家们构造了多种标量形式的收入不平等指数，以便更简洁地描述和比较收入不平等程度。常用有泰尔指数、基尼系数、阿特金森指数、收入的标准差或方差等。其中，基尼系数以其丰富

[①] 程永宏：《中国基尼系数及其分解分析：理论、方法和应用》，中国经济出版社 2013 年版。

的经济意义、直观的几何意义、明确的社会福利含义而成为最常用的收入不平等指数。

需要注意的是，当我们讨论收入不平等指数高低时，必须特别指明是针对哪一种形式的收入。因为收入有多种形式，在同一时刻、同一人口条件下，不同形式的收入对应的不平等指数显然是不同的，理论上可以相差甚远。例如，2014年中国的家庭总收入基尼系数、家庭人均收入基尼系数、个人收入基尼系数，显然具有不同的取值。特别是对不同国家或同一个国家不同时期的收入不平等指数进行比较时，更要严格指明是针对哪一种形式收入计算不平等指数的。

（3）公平与平等。收入分配状况通常可以使用定性分析方法对其进行定性描述，比如公平分配或不公平分配，平等分配或不平等分配等。区分"公平分配"和"平等分配"尤为重要。国内理论界对这两个概念的使用非常混乱，经常把二者混为一谈或相互颠倒，郭春丽（2023）如是描述国内关于以上概念的使用情况[1]。国外学术界在20世纪50年代以前也存在概念混淆，但50年代以后的英文文献基本上得到纠正，Raphael在1946年指出了区分了平等与公平[2]。所谓"公平分配"，本书采用Varian（1974）的定义，即是指没有嫉妒的收入分布状况；在一定的前提条件下可以证明，这种收入分布状况等价于"每个人的收入与其贡献成比例"的收入分布状况。所谓"平等分配"，是指没有差别的收入分配状态，即所有人的收入都相同，无论其贡献如何[3]。可见，公平的分配可能是不平等的，例如当个人的才能、努力程度、禀赋条件差别特别大时，公平的分配必然是高度不平等的。同样的，平等的分配可能是不公平。例如当个人的才能、努力程度、禀赋条件差别特别大时，平等的分配必然是高度不公平的。

（4）城乡居民收入差距。本书将城乡居民收入差异定义为城镇居民家庭

---

[1] 刘晓靖："公平公正正义平等辨析"，载《郑州大学学报（哲学社会科学版）》，2009年1月版，第14~17页。

[2] Raphael D. Daiches, "Equality and Equity", Cambridge University Press on Behalf of Royal Institute of Philosophy, Vol. 21, No. 79 (Jul., 1946), 1946, P118 - 132.

[3] Varian HR, "Equity, envy, and efficiency", Journal of Economic Theory, 9 (1), 1974, P63 - 91.

人均可支配收入和农村居民家庭人均纯收入之比。衡量城乡居民收入差距的常用方法是城乡居民收入比或城乡居民收入差。这两种方法之所以常用，是因为其计算简便、理解直观，而缺点是方法较为粗糙，没有考虑城乡人口的变化和内部收入分布的变动（陈煜燃等，2022）。目前学界比较常用的收入差距测度方法主要包括基尼系数和泰尔指数等。如何更精准地测度城乡居民收入差距并非本书关注的重点。本书对于衡量城乡居民收入差距指标的选择原则为：第一，比较直观，且容易理解和接受；第二，学界和公众衡量城乡居民收入差距所最常用指标。鉴于此，本书采用城乡居民收入比来度量城乡居民收入差距。

二、关于贸易开放与外商直接投资开放的界定

（1）贸易开放。国内外文献关于对外贸易、外资开放的研究非常多。贸易开放相对于封闭经济而言，是指一国对进口采取降低、消除关税以及非关税壁垒等贸易保护措施，同时鼓励出口，促进产品及生产要素在国外及本国市场自由流动，以最终实现开放经济的政策选择。"贸易开放"里的"贸易"是指一国的对外贸易，由进口贸易和出口贸易两部分组成，故有时也称为进出口贸易。中国贸易开放进程中取得的最瞩目的成就就是对外贸易的高速增长。

衡量一国贸易开放程度的指标包括贸易依存度、出口率和进口渗透率等。本书主要采用贸易依存度来衡量。贸易依存度是衡量一国某年进出口贸易额在该国当年贸易总额中所占的比重。贸易依存度反映了一国对国外市场的依赖程度。为了进一步分析贸易开放中出口和进口对城乡居民收入差距的影响，本书将贸易依存度分为出口依存度和进口依存度两部分：出口依存度是指一国某年出口贸易额在该国当年 GDP 总额中所占的比重；进口依存度是指一国某年进口贸易额在该国当年 GDP 总额中所占的比重。

本书中的贸易开放是指全方位的开放，这种全方位的开放会对国内各区域的生产或非生产部门都产生直接或间接的影响，尽管在影响程度上可能有所差异，但贸易开放能够对所有城乡居民的收入产生影响，这一假定是本书研究的重要前提。

（2）外商直接投资开放。在我国的对外开放进程中外商直接投资一直扮演着非常重要角色，我国是发展中国家中最大的外资引进国，其重要意义不言

而喻。外商直接投资是一个经常谈到的名词，国际货币基金组织给出的定义是"在投资人以外的国家经济区域所经营的企业中拥有持续利益的一种投资，其目的在于对该企业的经营管理具有有效地发言权"。因此，外商直接投资是指用货币资本或实物资本作为投资开办新企业，具体包括设立跨国公司分支机构、附属机构、子公司，或同别国资本共同创办合资企业通过购买外国企业股票而拥有该企业达一定比例的股权。

中国把吸收利用的国际直接投资称之为外商直接投资，而非外国直接投资。本书中凡涉及吸收利用外国直接投资问题时，采用"外商直接投资"或"外资"的提法。在模型设计过程中，变量之一外资依存度是用我国实际使用外商投资与当期的国内生产总值之比来衡量的。

特别需要说明的是，对外贸易与外商投资两者间也存在互补和替代两种关系（江小涓等，2021）。为了使本书的分析更有针对性，本书未考虑外贸与外资之间的替代效应，而将更多的精力放在两者对收入分配的作用上。当然，这种忽略也是出于对我国历史和现实的充分考虑。因为在我国过去四十年的发展历程里，在有资金缺口的背景下，吸引的外商直接投资主要以"绿地投资"为主，并大部分是"两头在外"，具有明显的出口导向特征，而且两者间互补效应在这些年里更加明显。

三、资料来源

本书样本数据选择 2001 年至 2021 年我国北京、天津、河北、上海、江苏、浙江、福建、山东、广东、海南、山西、安徽、江西、河南、湖北、湖南、内蒙古、广西、重庆、四川、贵州、云南、陕西、甘肃、青海、宁夏、新疆、辽宁、吉林、黑龙江共 30 个省、自治区和直辖市（其中由于西藏数据缺失较多，未包含西藏地区数据），各省区市的人均 GDP、进口额、出口额、固定投资、实际使用外商直接投资等数据根据《新中国六十年统计资料汇编》、历年《中国统计年鉴》、《中国人口统计年鉴》、历年各省区市统计年鉴以及中经网统计数据库等相关数据整理得出，但是由于某些数据的获得存在困难，所以书中在个别分析中也会少量转引文献研究的数据。本书根据实际情况对缺失值采用相应的指数平滑或均值等统计处理，对异常值点和强影响点进行剔除等方法。

第七节 本书可能的创新与不足

一、本书可能的创新之处

第一，研究方法方面，本书采用非线性模型，引入二次项进行研究。城乡居民收入差距是社会公众关注的焦点问题，而对外贸易、外商直接投资开放对城乡居民收入差距的影响近年来也备受学者的关注。对于对外贸易、外商直接投资开放与城乡居民收入差距的影响，本书受国内学者王小鲁以非线性模型来检验收入差距与经济发展水平之间的是否存在倒"U"形关系的启发，将人均国内生产总值（GDP）、外资依存度、进口或/和出口依存度、固定投资率、人均受教育年限的平方项引入实证模型，样本数据选择2001年至2021年我国30个省、自治区和直辖市（其中由于西藏数据缺失较多，未包含西藏地区数据），采用面板数据分析方法进行研究，结果表明对外贸易（出口贸易）、外商直接投资对城乡居民收入差距有显著影响，且外商直接投资对城乡收入差距的影响并不能用简单的拉大或缩小收入差距来衡量。由于大部分国内实证研究将变量的一次项直接带入模型进行回归拟合，本书考虑将变量二次项引入模型，因此具有一定的创新价值。

第二，将对外贸易、外商直接投资与城乡居民收入差距的研究结合起来，探寻它们之间的关系，分析对外贸易、外商直接投资对收入差距影响的传导机制，并且将贸易分出口贸易和进口贸易分别进行考察其对于中国城乡居民收入差距的影响，目前此类研究并不多见，因此本研究以对外贸易和外商直接投资作为切入点研究城乡居民收入分配问题，在一定程度上丰富了我国关于收入分配研究领域的内容。

二、本书的不足之处

第一，数据方面的缺憾。在本书的撰写过程中，数据样本的查阅难度较大，存在数据缺乏问题，导致本书数据和指标选取进行了剔除，比如西藏未进行研究。由于我国的收入分配问题非常复杂，本书只能通过数据变换或处理、选择其他变量、或退而求其次选用二次文献中的数据，以基本满足本书研究的需要。如果能从庞杂的微观样本数据库中梳理出更多的微观变量放入计量模型中，将会得出除对外贸易、外商直接投资开放因素之外更多影响城乡居民收入差距因素的研究结论，这也是本书后续研究的方向。

第二，实证研究方面，本书选取6个具有代表性的变量进行研究，基于各变量之间的交互效应并未作为模型设计的一部分，比如根据贸易投资一体化理论，贸易与投资之间是可能存在替代效应和互补效用的，本书根据经验判断在研究期间，其互补效用更大，未将贸易与投资的交互项引入模型进行检验。另外，对计量研究所得结论的分析有待深入，某些现象和结论的经济学原理分析及其现实经济意义还有待进一步发掘。

第二章 文献回顾与综述

经济发展、收入分配以及两者的关系问题一直是经济学界的热点话题。由此引发了诸多争议，随着社会的进一步发展，其关系将更加多元化、复杂化、个性化。随着经济全球化和区域经济一体化的发展，国际贸易的迅猛发展缩短了国家间的地理距离，围绕着贸易、全球化和收入分配关系的研究越来越多。

第一节 收入分配问题的研究综述

关于收入分配的理论探索开始于19世纪，主要代表人物有亚当·斯密、大卫·李嘉图、卡尔·马克思等，他们从不同视角对分配的内涵、功能及价值进行了详尽的分析，极大促进了收入分配理论的发展。第二次世界大战后，世界范围内收入分配格局发生巨大变化，引起经济学家对收入分配问题的重视，20世纪60年代初，内生增长理论的发展进一步丰富了收入分配理论的结构和内容。迄今为止，收入分配理论就研究基础而言，主要涉及两个研究领域，一个领域是功能性收入分配问题，即以市场为基础研究国民收入如何在劳动、土地、资本等生产要素之间进行分配（张勇，2022；陈胤默，2022；汪洪溟，2019）；另一领域是规模收入分配研究，以国家宏观调控为基础研究国民收入如何在社会不同阶层之间进行分配（王晓云，2019；贾俊雪，2021；陶纪坤，2022）。上述基本问题衍生出收入分配研究的诸多视角。包括收入的来源、要素价格决定机制、性质、收入分配原则、公平观等规范性研究。就研究方法而言，关于收入分配的研究基本是沿着理论研究和经验研究两条主线展开的。学者们不仅从理论层面思考上述问题并展开广泛讨论，相对应的经验研究也在不断发展以丰富人们对于上述基本问题的认知。鉴于此，本章遵循上述理论与经验二分法对已有文献进行归纳整理，以期较为全面地展现收入分配理论研究的理论框架，为后文分析打下良好的基础。

一、收入分配问题理论研究综述

（一）古典学派的收入分配理论

收入分配作为独立命题始于19世纪，在亚当·斯密、大卫·李嘉图、穆勒父子等人的努力下，建立在边际方法和剩余法基础上，以地租理论、工资理论和利润理论为支撑的相对系统古典收入分配理论逐渐形成。古典收入分配理论研究主要涉及收入分配的决定机制和不同阶级之间的分配关系，侧重于农业部门的收入分配，讨论土地、劳动、资本三种生产要素之间的收入分配，并假设土地的存量在较长时间内不变。

1. 威廉·配第的劳动价值论

威廉·配第（William Petty）是将劳动和价值结合起来考察的第一人，被称为劳动价值论的先驱。他认为土地和劳动共同创造了价值。他的收入分配理论正是以此为基础，以工资理论为前提、以地租理论为中心展开的。配第的地租理论，实际上是对剩余价值的论述。在配第看来，地租就是农产品价值扣除生产资料的价值和劳动力的价值之后的余额。

2. 亚当·斯密的三种要素分配论

英国古典学派经济学家亚当·斯密（Adam Smith）在其1776年出版的《国民财富的性质和原因的研究》中，系统分析了收入分配问题。他根据人们占有生产条件和取得收入的形式，把国民划分为三个阶级：只有劳动自身、以劳动换取工资的工人阶级；占有资本、用以购买劳动而取得利润的资本家阶级；占有土地，用以出租而收取地租的地主阶级。他的这一分析认为三大阶级的收入是社会的三种基本收入，其他收入都是由这三种收入派生出来的。同这三个阶级相适应，斯密区分了三种收入，即工资、利润和地租。斯密在劳动价值论的基础上论述了收入的来源，在一定程度上揭示了生产关系的本质，但他的价值论是二重的，造成他的收入分配理论也是二重的。另外，他运用分工理论，彻底批判了重商主义基于货币财富论的刺激出口、抑制进口的政策主张，提出了反对政府对经济进行过度干预的自由贸易理论。

3. 李嘉图的三阶级分配模型

李嘉图在其1817年出版的《政治经济学及赋税原理》中提出收入分配问题不仅关乎谁多谁少的利益分配问题，更是理解整个经济运行机制的关键。他继承了斯密分配理论的合理成分，认为社会产品是在工人、资本家和地主之间进行分配的，工资、利润和地租分别是工人、资本家和地主的基本收入。因此，李嘉图分配理论的核心实际上是剩余价值产生及其分割问题，其分配理论主要由工资理论，利润理论和地租理论构成。

对于工资理论李嘉图有三点看法：第一，工资是雇佣工人的劳动收入，是劳动创造的价值的一部分；第二，他认为劳动具有市场价格和自然价格，劳动的自然价格由劳动者维持自身及家属所必需的生活资料所决定；第三，他分析了工资变动的规律和趋势，随着社会的发展，技术的进步，劳动的自然价格有上涨的趋势，随着供求关系的不断变动，劳动的市场价格也在不断地变换，但是长期来看劳动的市场价格一般是倾向于自然价格的。

李嘉图的利润理论，首先他认为利润是资本所有者的收入，是劳动者创造的一部分。其次他认为利润和工资是此消彼长的关系。最后他也认识到了随着社会的进步、财富的增长、资本积累和人口的增加，利润有下降的趋势。地租理论是李嘉图经济理论中最为突出的部分，他的级差地租理论闻名于世。他认为地租是为使用土地原有和不可摧毁的生产力而付给土地所有者的那一部分土地产品，是劳动者创造价值的一部分。与斯密相比，他对三大基本阶级的收入更注重考察各种收入的决定因素及其数量比例关系如何确定。

4. 约翰·穆勒的收入分配理论

穆勒（1998）对收入分配理论的研究贡献主要在于其工资理论和利润理论。他开始赞同工资基金理论这种观点，即劳动工资由资本家支付工资预留的资金数目和分享这笔资金的工人人数来决定。他认为联合可以积累"罢工经验"，而"正是罢工经验最能让工人阶级了解工资与劳动的供求关系是由关联的"。但是，后来穆勒放弃了工资基金理论。穆勒认为工资是资本家的总利润减去"养活他们自己及其家庭"的花费的剩余部分。工资并不是由资本家预留工资基金的数额来决定的。因此穆勒得出结论工资并不是取决于工资基金，而是由劳动者与资本家之间的竞争性斗争决定的。阶级斗争决定工资率，工资率决定工资基金的数目。就这样，穆勒认识到工人联合和罢工对于工人阶级是很有实际意义的，并且它在将利润再分配为工资的过程中也起着非常重要的作用。

穆勒的利润理论赞同李嘉图的观点，认为利润率在长期内有下降的趋势，穆勒指出"当资本积累像通常那样伴之以人口增长时，其作用便是在提高粮食的价值和价格，提高地租并降低利润。"并且穆勒还得出了一些阻止利润率下降至最低点的抵消因素，其中资本输出和周期性的商业危机是最重要的两个因素。第一个抵消因素是资本输出，穆勒认为在资本增长越快的国家中，它们的利润就更接近于最低点。为了防止利润到达最低点，则需要寻求比国内高的利润，从而使资本源源不断地流入殖民地或外国。资本输出有两个作用。首先，通过资本的输出可以消除一部分国内增加的资本，从而阻止利润下降。其次，通过资本输出而消除的资本并没有被消灭，而是用来建设殖民地，而殖民地可以输出大量廉价的粮食和棉花。依靠输出资本来使廉价粮食和棉花的供给赶上本国人口的增长。这样做可以达到一举两得的效果。一是不断增加的资本不会降低本国的利润，二是输出的资本在本国可以得到很好的利用。第二个抵消因素是商业危机，穆勒认为过量交易时期和疯狂投机时期以及在随之到来的商业突变中资本往往被大量浪费。也就是说，穆勒认为周期性的商业危机浪费了资本，从而遏制了利润下降的趋势。

古典收入分配理论在收入分配的决定机制上主张，生产是人和自然的关系，不依社会制度改变；而财富分配则取决于社会的法律和习惯，会依社会的变化而改变；因此，一国的制度、教育和商业状况共同决定一个社会的分配结果。在分配关系上，该理论进一步指出给定一个国家的经济增长，该国一年的社会总产品在三个阶级之间是按比例分配：即工人得到工资、资本家得到利润、地主得到租金。并认为三个阶级之间的分配关系是相互对立的，即工资与利润的变化是成反比例的，地租同利润的变化也是反比例的。在工资方面，假定劳动市场存在无限供给，因此工资固定不变，由劳动者维持生存的价格决定，而非其创造出的边际产品。古典收入分配分配理论既为日后马克思收入分配理论、凯恩斯的收入分配模型提供了宏观分析框架，也为新古典收入分配理论的边际分配和垄断份额提供了方法（冯娟，2022）。

（二）新古典学派的收入分配理论

在李嘉图和穆勒之后，萨伊、克拉克、马歇尔等人运用李嘉图的边际分析法和穆勒的效用论以及自由主义价值观，在微观框架下，构建了当代西方主流的新古典收入分配论。

萨伊（1997）沿着斯密的生产费用论主线，最早从生产的三要素着手提出"三位一体"的收入分配思想，为资本参与分配的合理性提供了理论解释。他认为劳动、资本、土地三个要素在生产中共同创造了产品的效用和价值，它们的所有者即工人、资本家、地主就得到相应的报酬即工资、利息、地租。萨伊指出"商品的价值并不取决于生产性服务即并不取决于利润和工资的比例……既然物品是被人们所需要的，那么它的价值应当起源于它的效用。它创造效用的能力……赋予生产性服务价值。价值的大小是同它在商品的生产性协作中的重要性成比例的。"然而，萨伊的三要素分配思想只提出了各要素参与分配的标准是按比例分配，并没有提供按比例分配的方法。

1. 克拉克的收入分配理论

约翰·贝茨·克拉克继承并修正了边际效用理论，同时吸收了生产要素定价理论、资本生产力论和报酬递减论等理论，提出了边际生产力理论来分析和论述分配问题。克拉克经济学思想的核心是分配，主要研究静态分配规律，他提出了以边际生产力理论为基础的工资和利息分配理论。边际生产力就是生产要素最末单位的生产力。他认为，各种生产要素都具有生产力，都创造价值，因而都应从生产成果中取得相应的一份报酬。劳动和资本也和其他物品一样，它们的价值是由它们的最后单位所提供的产品来估计、来确定的，即由它们的边际生产力来确定的。克拉克发现劳动生产力、资本生产力同样也是递减的，符合"生产力递减规律"。

克拉克的工资理论认为工资是由劳动的边际生产力决定的。在静态条件下假定资本数量不变，不断地增加工人人数，这样每个单位工人平均得到的工具设备逐渐减少，技术供应状况逐渐改变，则每一个追加的单位工人的劳动生产力必然递减，最后增加的那一个单位的劳动的生产率最低，这就是劳动的边际生产力。最后增加的单位工人就是边际工人，最后一个单位工人的劳动就是边际劳动，这个边际劳动生产率，不仅决定边际工人的工资，而且决定所有与他处于同样劳动条件下的工人的工资。劳动的边际生产力，即边际工人增加的产量是决定工人工资的自然标准。由于他们的素质是一样的，可以相互替代，如果有的工人要求更高的工资，雇主可以解雇他，而使用其他的边际工人替代。

克拉克由"生产力递减规律"推导出"资本生产力递减规律"来说明他的利息理论。资本的边际生产力就是：如果工人人数不变的话，不断增加资本，则单位资本所使用的工人数量不断减少，新增加的每单位资本所提供的产品数量也会递减，这就是资本生产力递减规律。最后增加的单位资本叫作边际资本，它所增加的产量最少，生产力是最低的，叫作资本的边际生产力。资本的边际生产力，即边际资本的增产量决定了利息率，它不仅能决定边际资本的利息，也能决定全部资本的利息。他认为：如果资本数量不变的话，工资水平取决于工人的人数，工人人数越多，工资水平就越低；反之则相反。如果劳动数量不变的话，利息水平取决于资本的数量，投入资本越多，利息就越低；反之则相反。

克拉克（1983）认为土地是资本的特殊形式，因而地租也是利息的特殊形式。土地同资本具有同样性质，其报酬是递减的，地租也同利息具有同样的性质和同样的决定规律。他认为利润只是个别企业家的一种额外收入，是个别的企业家因技术进步而得到的暂时的超额利润收入。他说："由于一种新的发明，某种东西的生产成本降低了。这首先给予企业家以利润。其次又按照我们所曾经叙述的方法提高工资和利息。"但这种利润只能是暂时的，因为当等到技术普遍提高后，利润就会消失。只有当更新的技术出现时，才会再次出现个别产业和企业家的超额利润，一旦此项新技术普及了，超额利润又会消失，所以这种利润是一种过渡性的利润（巩笑莹，2020）。

克拉克证明资本家和工人所获得的回报皆基于同一原理。将资本生产理论与边际效用论相结合，认为工人的工资由边际生产率决定。同样的道理，利息是由最后增加的那一单位资本所创造的生产率决定的，即利息取决于资本的边际生产。他建立了一个以边际效用为基础，以分配为中心的经济理论体系，其理论旨在说明在资本主义下，资本和劳动能够分别获得在协作生产中所创造的产品和价值，这是分配的自然规律的结果，克拉克以此来论证资本主义经济制度和分配制度的自然性、合法性、长期性。

2. 马歇尔的边际收入分配理论

在继承了萨伊生产三要素说、李嘉图的边际原则以及穆勒、维克塞尔的效用价值论的基础上，并吸收了克拉克、杰文斯、门格尔边际分析方法和瓦尔拉斯的均衡分析法，马歇尔提出了边际主义收入分配理论。马歇尔从市场配置的角度，基于瓦尔拉斯均衡观，认为工资水平的决定是生产要素供给和需求两种力量作用的结果。马歇尔劳动市场的均衡分析标志着新古典收入分配理论成型，该理论在很长时间内居于西方经济学主导的地位。在以马歇尔为代表的新古典收入分配学者眼里，收入分配本质上是技术关系，而非经济关系。该理论是以微观企业为分析基础，其逻辑起点是假定资本、劳动、土地三要素处于等同地位，任何生产要素报酬取决于其边际产出。因此，在收入分配的决定机制上，新古典收入分配理论在资源稀缺性和要素及产品的可替代性的前提下，基于厂商和消费者的最大化行为假设，认为均衡条件下的国民收入功能分配是由要素价格来决定，而要素的相对价格是由要素间的边际替代率决定的。

马歇尔的工资理论认为工资等于劳动的纯产品，也等于工人的生活费用，工人得到了其全部劳动应得的报酬，因而不存在剥削问题。工资是由劳动需求和劳动供给来决定的，是由劳动的需求价格和供给价格的均衡点决定的。劳动的需求价格是企业家在购买劳动时所愿意支付的最高价格，由劳动的边际生产力决定，即前面提及的曲线，也就是劳动的边际产品价格。随着工人劳动生产力的提高，劳动的边际生产力也相应提高，从而提高了劳动的需求价格，最终提高了工资。但是长期来看，在资本数量不变的情况下，随着工人的不断增加，在劳动生产力递减规律的作用下，新古典经济学时期的收入分配理论认为劳动的边际生产力递减，从而劳动的需求价格降低，最后工资也就随之降低。劳动的供给价格从长期看是由劳动的生产费用决定，即劳动者生存、生活的必需品、劳动者的培训以及维持有效率的劳动精力所花费的费用，这是劳动者出卖自己劳动时所愿意接受的最低价格。

马歇尔的利息理论认为利息是资本及等待的报酬。他将利息分为纯利息和毛利息两种形式。当把利息看作是等待的报酬时就是纯利息。而毛利息中包括纯利息，风险金和管理报酬。利息就是资本的需求价格和供给价格的均衡点，其中资本的需求价格由资本的边际生产力决定，它是企业家借入资本时所愿意支付的价格。而资本供给由资本家的等待决定，也就是由资本家的节欲决定。资本家把资本借出去有理由收取利息，此时资本家暂时不能使用借出的货币，这对于资本家来说是一种牺牲，对于资本借入者能够得到这笔资本所创造的利益，所以他们应该将受益分给资本所有者一部分。

马歇尔的利润理论认为利润是给予企业家的报酬。企业家经营企业的时候，不仅需要使用资本的经营能力，还需要组织生产的能力，这些能力需要经过专门的教育，这些能力对于一个企业是至关重要的。企业家需要预测好生产和消费趋向、并且还要承担一定的经营风险而且企业家还需要启发工人们的创造能力，全面掌握企业的合作和其他一切能力。企业家对于企业的发展有很重要的作用，所以，企业家获得的利润是必要的，合理的。关于利润的决定问题，马歇尔认为利润的大小由企业家的需求和供给决定。同工资和利息的决定一样，企业家的活动所提供的服务，同样有需求价格和供给价格。需求价格由其边际生产力决定，就是企业总收入扣除了工资、利息、地租等以后的余额，都是由于企业组织和经营能力的作用而增加的收入。这个收入大小就是一个尺度，用他来衡量企业的组织和经营能力。他认为企业家生活和教育、训练的费用是边际生产费用。它决定企业组织的供给价格。马歇尔指出，利润的形成主要取决于企业组织和经营能力的需求方面，当企业家的组织和经营能力很高时，就可以使企业获得更多的利益，这样就远远地超过企业组织和经营能力的正常的价格，而囊括工资、利息、地租以外的全部剩余。

马歇尔的地租理论和准地租认为地租是土地的收入。他把土地的收益分为两部分：第一部分是土地的纯收入，即土地自然状态下获得的收入；第二部分是对土地投资和人为努力使土地改良获得的收入。严格意义上的地租是由于自然界的恩赐而无须人力就可以得到的报酬，在这里主要研究土地的纯收入。地租大小的决定，同利息、利润一样，地租的大小也是由土地的需求和供给来决定的。但是由于土地是自然界给定的，不能再生或者被人类生产出来，所以土地的数量基本不变，从而没有生产费用，也就不存在土地的供给价格，因此，同上面对利息和利润的分析不同，地租仅仅由土地的需求价格来决定。同样土地的需求价格由土地的边际生产力决定，地租是边际以上的土地产量超过边际产量的余额。由于存在土地报酬递减规律，马歇尔提出有两种边际报酬递减规律。一是在固定数量的土地上连续的增加资本和劳动，农产品的边际产量是递减的；二是由于不断利用土地，许多对劣等土地也进行耕种，从优等土地到劣等土地的这一过程，土地的边际产量在降低。马歇尔还提出了准地租的概念。所谓准地租，是指在短期内，土地本身以及土地以外的各种生产要素所得到的超过平均水平的收入，各种生产要素是指劳动、资本或企业组织管理能力。在短期内，工资、利息、利润这种只受需求影响，而不受供给影响的超过均衡水平的收入称为准地租（曹海霞，2020）。

以马歇尔为代表的新古典或称边际主义收入分配理论以企业为分析单位，仅研究价格调整机制是如何影响收入分配的，既忽略了以往的历史和制度的重要作用，同时该理论的微观分析尝试通过加总来解释一国的功能收入分配问题显然存在先天的缺陷，因此最终导致了经济史学界著名的剑桥学派关于资本的争论，并带来西方收入分配理论的进一步发展（田祥宇，2022）。

（三）现代西方主流收入分配理论

1. 凯恩斯的收入分配理论

凯恩斯主义认为，经济增长取决于国民收入的分配。他认为充分就业时的静态均衡只是经济中的特殊情况，而有效需求不足是资本主义经济的常态，利息是人们放弃流动性偏好的报酬。投资和储蓄是不同经济主体的不同动机的经济行为，由于利润存在下降的刚性，所以投资决定储蓄。凯恩斯将工资分成货币工资和实际工资，同时提出货币工资刚性理论。他打破了传统的以市场为基础的收入分配理论，认为完全依靠市场来进行收入分配是不行的，他主张要以国家干预的方式，配合一些政策措施，建立宏观调节个人收入差异的经济制度。他认为收入分配不公是产生有效需求不足的一个原因，他提出解决收入分配不公主要有两种方法：第一，提高富人的个人所得税税率，加强对富人直接税的征收；第二，消灭食利者阶层，如果使利息率降到极低的程度就必然会大大加强投资的诱惑力，从而扩大社会有效需求。

2. 新剑桥学派收入分配理论

新剑桥学派的经济理论基本上是围绕着收入分配而展开的，主要从资本积累、垄断程度和投资率等宏观经济理论出发对收入分配的决定机制进行了阐释，同时也尝试在经济增长过程中探究国民收入中劳动收入和资本收入相对份额的规律，这些努力极大推动了收入分配理论的宏观古典分析范式的复兴。首先，该学派明确指出了新古典范式的逻辑错误，同时认为是分配决定了生产过程，而不是生产过程决定分配。其次，在收入分配的决定机制上，该学派认为分配中的实际工资和利润率，是独立于生产过程之外的变量，投资既决定生产和就业水平，又决定着国民收入在利润与工资之间的分配，并强调收入分配对经济的反作用。他们摒弃萨伊三位一体论，接受马克思的二分法，将国民收入分为利润和工资两类，进而产生工人与资本家两大收入阶层，阶层间存在不同消费倾向或储蓄倾向。在经济增长过程中，资本家的利润（收入）在国民收入中所占的份额取决于投资率、与储蓄倾向成反比，或消费倾向成正比。这为日后解释资本积累与收入分配问题关系和收入分配动态分析提供了基础分析框架。此外，新剑桥学派强调税收在缩小贫富不均方面的作用的观点为当代大多数国家所采纳（李宁，2013）。

（四）马克思的按劳分配收入分配理论

李嘉图和穆勒之后，马克思沿着劳动价值论主线，批判地继承了古典学派的历史观、劳动价值论和剩余论，创造性提出了以劳动剩余价值论为基础的收入分配理论，为收入分配问题研究提供了系统方法。在马克思主义的分配观中，生产对分配、生产关系对分配关系的决定作用，是整个分配理论的核心思想。马克思在《资本论》中指出："所谓分配关系，是同生产过程的历史规定的特殊社会形式，以及在人们在他们生活的再生产过程中互相所处的关系相适应的，并且是由这些形式和关系产生的。这种分配关系的历史性质就是生产关系的历史性质，分配关系不过表示生产关系的一个方面。"生产和分配存在于生产总过程，是生产关系决定分配关系，而不是由分配关系决定生产关系，这是马克思主义分配理论的核心思想，也是马克思恩格斯研究分配关系的基本出发点。

马克思在《哥达纲领批判》中，明确地阐述了他的按劳分配理论，根据马克思的想法，"等量劳动获取等量报酬"的社会形态是这样一种共产主义社会，"它不是在它自身基础上已经发展了的，恰好相反，是刚刚从资本主义社会中产生出来的，因此它在各方面，在经济、道德和精神方面都还带着它脱胎出来的那个旧社会的痕迹。"全体劳动者处在一个集体的、以共同占有生产资料为基础的社会里,生产力还没有达到高度发达的状态,社会产品还没有极其丰富,没有商品货币关系,劳动者个人的收入或财产都以消费资料形式存在。这从物质基础上决定了劳动者之间不能按照需要来分配产品,只能实行按劳分配,劳动量成为全社会消费品分配的依据。

马克思提出"等量劳动获取等量报酬"的思想:"每一个生产者,在作了各项扣除之后,从社会领回的,正好是他所给予社会的。他所给予社会的,就是他个人的劳动量。"这其中的"各项扣除"是指在社会总产品中进行的六项扣除,包括用来补偿消耗掉的生产资料的部分;用来扩大生产的追加部分;用来应付不幸事故、自然灾害等的后备基金或保险基金;和生产没有直接关系的一般管理性费用;用来满足共同需要的部分,如学校,交通,保健设施等;为丧失劳动能力的人所设立的基金。即按劳分配以劳动时间和强度来衡量。在做了社会扣除后的个人消费品在劳动者之间的分配。而进入体力劳动和脑力劳动对立也消失了的共产主义社会,劳动不再是谋生的手段,因此实行的是按需分配"。

社会主义经济收入分配的基本原则是按劳分配。在社会主义初级阶段,把按劳分配和按生产要素分配结合起来,实行按劳分配为主体、多种分配方式并存,按照技术、资本、管理等生产要素的贡献参与分配的制度,是完善社会主义市场经济的重要部分,但必须毫不动摇地坚持按劳分配原则(孙浩进,2009)。马克思当年提出的按劳分配,预见商品生产已经消亡,劳动者按提供的劳动量在社会总产品中六项扣除后实行个人消费品的实物分配。现在的情形则完全不同,在社会主义条件下,存在商品经济,贯彻社会主义按劳分配原则,必须运用劳动价值论的价值关系,以"经过迂回曲折的道路"来实现。实际上,马克思的劳动价值论本来是揭示价值的源泉,不是规定分配问题。按劳分配是社会主义的分配原则,是由公有制决定的。西方资本主义社会的商品经济和市场经济很发达,并不存在按劳分配的原则,而是按劳动力价值的转化形式参与分配。然而,在社会主义市场经济条件下,实行按劳分配原则,不能按劳动量直接分配个人消费品,只能通过价值的迂回形式来实现;劳动创造价值,按劳动分得货币收入,再用货币交换个人消费品。以劳动作为尺度,劳动量越大,创造的价值越多,按劳动分得的货币收入就越多,用货币交换的个人消费品就越多;反之,劳动量越少,创造的价值就越少,按劳动分得的货币收入就越少,用货币交换的个人消费品数量就越少。

在社会主义市场经济发展过程中，存在着贫富差距不断扩大的问题。这种贫富差距不是由劳动者在劳动过程中体力或智力的差别造成的，而是由要素收益不同和行业垄断地位造成的，因此，如何更好地贯彻按劳分配原则，以缓解贫富差距，维护社会公平，是一个重要的问题。

二、收入分配问题经验研究综述

与收入分配理论相对应的是关于收入分配问题的经验研究。当代收入分配领域的经验研究主要是从验证库兹列茨倒"U"形假说基础上开始衍生和发展的。从研究目标看，这方面学者们主要是围绕着对收入不均等程度的评估以及对相关理论的经验验证两个主题展开的。

（一）关于经济增长与收入分配的经验研究

库兹涅茨（1955）认为其影响因素主要在于结构变化。根据他的假说，收入不平等发展趋势会随着经济增长呈现倒"U"形，随着越来越多的工人参与到经济生产过程中，收入不平等趋势起初会随工业化进程上升，然后下降，因而在生活水平较低的情况下，随着产生更多收入分配额，经济增长会加剧不平等的现象。

一些学者的研究完全支持倒"U"形假说。Ahluwalia, Carter and Chenery （1976）利用实证研究证明，库兹涅茨的倒"U"形曲线是存在的。[①] De Gregorio 和 Lee（2002）；Nielsen 和 Alderson（1997）等学者也完全支持倒"U"形假说。另有一些学者对库兹涅茨曲线提出了质疑，部分学者认为研究表明经济增长和收入差距之间存在显著的反向关系（Persson 和 Tabellini，1994；Benabou，1996 等）。阿德尔曼和莫里森（1973）利用 43 个发展中国家的数据进行验证，并未得出新古典经济学家们预言的"滴漏效应"，占人口大多数的劳动者的收入向着有利于中产阶级和富人的"向上滑敛"，并未随 GDP 增长和工业化得到改善。Deininger and Squire（1996）运用面板数据分析了 49 个国

---

① Ahluwalia, Montek, N. G. Carter and Hollis Chenery. 1976. "Growth and Poverty in Developing Count ries," Journal of Development Economics, vol. 6, 299 – 341.

家的数据,结果显示绝大多数国家的收入分配差距和收入水平关系不显著。[①]在大量的经济增长与收入分配关系的经验研究中,部分学者则认为二者关系并不显著(李建伟,2022)。

(二)关于教育、人力资本与收入分配的经验研究

有关教育不平等与收入分配的关系研究认为人口总体的平均受教育程度和教育分布状况都会影响收入分配状况。Knight 和 Sabot(1983)的研究表明增加教育对收入分布有两个反向效果,人力资本积累对收入分配的影响可分为结构效应和工资压缩效应。一方面结构效应体现在受教育多的群体相对规模增加,最初往往会提高收入的不平等而随后减少不平等;另一方面工资压缩效应则会通过受过良好教育的工人相对供应增加而降低其工资溢价,从而降低了收入不平等。丁伯根(1975)在其教育与技术的竞争理论假说基础上,以美国、加拿大和荷兰的有关数据进行经验研究。其结论认为教育扩展与教育分配的不均等对收入分配有很大影响,当受教育水平增加而教育分配的离散程度较小时,有助于改善收入分配的不公平程度。Rodríguez – Pose 和 Andrés 等学者(2009)对欧盟成员国的数据进行实证研究得出收入差距很大程度上与教育不平等相关。[②]

随着大量微观数据的可获取,学者们把针对人口流动、年龄结构、性别、婚姻、区域差异和家庭构成以及不同收入阶层的生育率等人口以及一些劳动市场变量引入到了相应的经验研究模型中,丰富了关于人力资本与收入分配研究的内容。基于效率工资理论的经验验证也开启了劳动市场与收入分配关系研究的另一个热点领域。

另外,随着 2008 年金融危机的出现,学者们对于收入分配的思考开始转向金融制度层面,金融领域制度安排与收入分配关系的经验研究也不断增多。Townsend 和 Ueda(2006)通过将金融发展、收入差距、经济增长的变量引入

[①] Deininger, Klaus and Lyn Squire, 1996, "A New Data Set Measuring Income Inequality", World Bank Economic Review, 10 (3): 565 – 591.

[②] Rodríguez – Pose, Andrés, and V. Tselios. "Inequalities in income and education and regional economic growth in western Europe." Annals of Regional Science 44.2 (2010): 349 – 375.

模型进行实证研究。① 车放（2017）研究了数字普惠金融发展下收入差距对农村经济增长的非线性影响。王亚平等（2022）研究了数字普惠金融发展下收入差距对农村经济增长的非线性影响问题。

第二节 对外贸易、外商直接投资与收入分配问题研究综述

随着经济全球化和区域经济一体化的发展，国际贸易的迅猛发展缩短了国家间的地理距离，围绕着贸易、全球化和收入分配关系的研究越来越多。国外学者大多从宏观的全球化角度研究收入差距问题，而国内一些学者也注意到了贸易自由化对收入分配差距的影响。本书以对外贸易和 FDI 对收入分配的影响为切入点，对已有文献进行归纳梳理，依循理论与经验研究两条主线梳理这一领域的研究成果。

一、对外贸易、外商直接投资与收入分配问题理论研究综述

21 世纪之前，关于贸易开放与收入分配问题关系的理论研究主要以劳动市场为基础。学者们主要从要素价格机制、要素流动和要素的空间聚集度三个角度展开。其中，新古典范式中的要素价格机制是这一时期理论研究的主线。而基于要素流动政治经济学讨论和新地理经济学中关于要素空间聚集讨论则是除新古典标准范式外研究贸易开放引致的收入分配效应的另外两个比较重要的方向。

（一）对外贸易、外商直接投资与收入分配早期理论研究

1. 赫克歇尔—俄林的要素比例理论（H—O 定理）

赫克歇尔—俄林定理（H—O 定理）认为当生产技术相同时，各国生产要素禀赋不同，所拥有的劳动和资本的相对数量不同，供求关系不同，使两国要

---

① Robert M. Townsend Kenichi Ueda, "Financial Deepening, Inequality, and Growth: A Model – Based Quantitative Evaluation", The Review of Economic Studies, No. 1.1 (2006), 251 – 280.

素的价格存在差异；要素价格差异导致商品生产成本的差异，形成不同国家商品价格的差异，国际贸易因此而产生。对于资本相对充裕的国家，资本要素的价格租金率相对较低，在资本密集品的生产上具有相对成本优势；而对于劳动相对充裕的国家，劳动要素的价格工资率较低，在劳动密集品的生产上具有比较优势。国际贸易促使一国丰裕要素所有者增加实际收入，稀缺要素所有者减少实际收入。因此，一个国家倾向于出口其在生产中大量使用的比较丰裕的要素产品，而进口的其生产中使用的比较稀缺的要素产品。生产要素的相对丰裕程度决定了各国比较利益的地位。

2. 斯托尔帕—萨缪尔森定理（S—S定理）

在H—O理论基础上，萨缪尔森等人直接将贸易开放与收入差距联系起来，提出了斯托尔帕—萨缪尔森定理，进一步分析了国际贸易对国内要素收入以及各国要素报酬的影响。他们将贸易对要素收益的长期影响归结为，贸易会通过商品的价格进而影响商品生产中所使用的生产要素的价格，即长期看，出口产品中所密集使用的要素的报酬会提高，而进口商品中所密集使用的生产要素的报酬将降低，最终会通过要素的价格来影响收入的分配。

斯托尔帕—萨缪尔森定理揭示了产品和要素的相对价格之间的相互关系，以及自由贸易对不同贸易集团的福利影响，为国际贸易的政治经济分析奠定了基础。该定理认为：当一国进行自由贸易时，要素价格或报酬的变动将取决于产品价格变化方向和产品要素密集度，一种产品的相对价格上升，将会提高该产品密集使用的生产要素的实际价格或实际报酬，同时降低另一种生产要素的实际价格或实际报酬。

如果将该理论应用到现实社会中发展中国家和发达国家：在发展中国家的劳动力相对充裕，资本相对稀缺，通过对外贸易出口劳动力密集型产品，进口资本密集型产品，会提高劳动力要素的报酬或者价格，降低资本要素的报酬或者价格，居民收入分配有利于劳动力要素，缩小了居民收入差距；发达国家的资本相对充裕，劳动力相对稀缺，在对外贸易中出口资本密集型产品，进口劳动力密集型产品，会使得资本的报酬或者价格上升，拉大居民收入的差距。

在现实社会中，自由贸易往往只是理论存在，各种贸易障碍却实实在在存在。依据S—S定理，一国采取保护贸易政策可以阻止其相对稀缺生产要素价格的降低，提高使用相对丰裕生产要素的收入。

3. 特定要素模型

20世纪70年代初，继基于长期的要素禀赋理论之后，萨缪尔森和琼斯创建了基于短期影响的特定要素模型。长期来看，要素在部门间是可以自由流动的，而在短期内，某些生产要素是不能在部门间流动的，其用途仅限于某一特定部门。该特定要素是指一种仅限于某一部门使用且不被其他部门所需要的要素。该模型假设一国生产两种产品，将资本作为特定要素，短期不能流动，劳动可以在两个部门间流动。该模型认为，短期内，国际贸易会提高一国出口部门使用的特定要素的实际收入，而降低进口竞争部门使用的特定要素的实际收入。国际贸易对可自由流动要素实际收入的影响则取决于要素所有者的消费结构，不能完全确定。

4. 国际资本流动效应理论

古典经济学家麦克杜格尔（G. D. A. Mac Dougall，1960）的有关国际资本流动效应的理论。Mac Dougall通过一个2×2模型（即假定两个国家，两种生产要素），分析了国际资本的跨国流动对资本流出和流入国的经济福利影响。他通过比较静态分析得出的结论，从理论上分析了资本国际流动的总体效应，说明了资本的跨国流动无论对资本流出国或流入国都会增加国家的福利水平，至于福利在国家之内是如何分配的，并没有进行分析。

（二）对外贸易、外商直接投资与收入分配理论研究拓展

1. 产业内贸易与收入分配

伴随着全球化的进一步深入、贸易模式的不断创新，以及跨国公司的蓬勃发展和产业内贸易的大量出现，有关贸易开放的收入分配效应的理论研究也有进一步拓展。20世纪80年代以Krugman为代表的学者突破了传统理论关于规模报酬不变以及完全竞争的假设，开创了"新贸易理论"，将不完全竞争和产业内贸易引入贸易开放条件下的收入分配问题来研究。Krugman（1979）在张伯伦垄断竞争模型和Dixit and Stiglitz（1977）模型基础上，建立了两产业的均衡模型。发现当两个要素禀赋相似的国家相互开放时国家之间会发生产业内贸易，并且生产中所使用的要素都会从中获得收益。Dinopoulos, Syropoulos and

Xu（2001）在 Krugman 垄断竞争模型的基础上分析得出，发达国家之间产业内贸易的开展可以促进高技术工人密集型企业的规模扩张，从而带来对高技术工人的需求上升，拉大工资差距，通过模型分析证明了发达国家之间贸易开放度的提高是导致其工资差距拉大的主要原因。Neary（2002）基于国际贸易现实，构建了一个区别于以往研究的寡头竞争一般均衡模型，进一步论证了发达国家产业内贸易对不同工人收入水平的影响。他认为当两个相似产业结构的国家相互开放时，进口会大量增加，此时国内企业会通过追加战略性投资以达到阻止国外企业进入的目的，而国内投资的增加有助于提高企业的投入产出比，进而对高技术工人的相对需求增大。因而贸易开放会通过影响对不同技术工人的需求水平，加大不同工人之间的收入差距。Ekholm and Midelfart（2005）通过构建一个不完全竞争的产业内贸易模型，对北方国家间的贸易进行分析。不同技术水平的企业会雇佣不同比例的熟练工与非熟练工人，并且企业可以通过采用传统技术或者新技术进行生产。随着贸易自由化，现代企业相对于传统企业的盈利能力增强，企业会更多采取新技术，也有更多新技术企业得以进入市场，这会扩大对熟练劳动工人的需求，从而拉大收入差距。刘翠翠（2012）运用理论模型推导出垄断竞争市场条件下产业内贸易与行业相对工资差距之间的关系。理论结果显示，当产品的产出技能替代弹性（高技术工人相对雇佣量的变化率/产出的变化率）为正时，产业内贸易将会扩大相对工资差距；当产品的产出技能替代弹性为负时，产业内贸易将会缩小相对工资差距。施竞澄（2019）分析了加入 WTO 以来中美制造业产业内贸易的发展状况，表明中美制造业产业内贸易水平整体不高，近年来呈小幅波动上升趋势。产品多样化、外商直接投资与规模经济对中美制造业产业内贸易具有正向促进作用，人均收入差距则有负向抑制作用。宋鑫（2021）使用产业内贸易（Intra - industry Trade，IIT）理论模型检测了影响旅游产业内贸易的决定性因素，研究结果表明人均 GDP 的提升及居民收入分配情况的改善对旅游产业内贸易产生有效的推动作用，而地理空间距离对旅游产业内贸易产生负向影响。

2. 新经济地理学与区域收入差距

随着新经济地理学的兴起，一些学者开始尝试在此框架下对贸易与收入不平等问题进行分析。藤田、克鲁格曼和维纳布尔斯（1999，2001）认为在进口替代政策下，国内企业在区位选择时，会倾向聚集在国内最终产品和中间品的中心地带，以便减少运输成本，进而会带动吸引其他相关联企业也向该中心地带转移，最终会形成一个人口和经济聚集区。而对于生产中的非流动要素而言，区域间的差距就扩大了。随着贸易开放会打破原有国内区域要素聚集，从而改善不可流动的要素收入、减少区域间的差距，进而改善收入分配不均等状况。Kanbur and Venables（2005）认为贸易会导致产业集聚的产生，进而影响不同区域发展。为减少区域发展的失衡，并从贸易引起的产业集聚中获益，就必须去除阻碍经济发展的种种障碍并促进各种要素的相互流动，这样才能一方面加快产业聚集与聚集地经济的发展，同时又有助于缩小各个区域之间发展的差距。王领等（2019）基于新经济地理学的视角对人口产业匹配度与地区收入差距的关系进行了分析，其从人口与产业的非协同集聚着手，构建人口与产业分布的不匹配度指标，发现中国东中西部地区人口与产业分布差异明显，地区差距在 2003 年之后开始减小，东部匹配度降低最显著。且东中西部人口与产业不匹配度诱因不同：东部地区为产业集聚主导，中部地区为人口集聚主导，西部地区是三大区域中经济发展水平最低的，人口集聚与产业集聚水平相当，认为政府需根据各区域不同情况加以指导。张晖（2021）认为新古典经济学将要素的相互作用黑箱化了，不能解释地区差距变动的内生机制。新经济地理学通过引入规模报酬递增，有利于分析地区差距变动的内生机理。在理论模型中，如果是流动性要素传导空间作用力，地区经济差距是单调变动关系，但如果还存在其他分散力作用，则地区经济差距可能非线性变动。

3. 外资与收入差距

在要素流动的研究中，由于跨国公司的兴起，技术变革带来劳动市场变迁，对外贸易、外商直接投资对收入分配影响的理论研究也有了新的进展。克罗蒂和爱波斯坦（1996）、罗德里克（1998）等从资本流动、谈判力量对比、劳动市场需求弹性、非正规就业等角度论述了对外贸易如何影响收入分配。

新依附论学者则认为外商直接投资会解构东道国的社会结构从而增加东道国内部的收入不均等。依附假说理论（Dependeney hypothesis）直截了当地提出外商直接投资对收入分配存在恶化效应。他们认为影响收入分配的不是 GDP 和财富，而是生产的社会支配体制。一个国家在世界经济体系中的相对位置，是处于核心还是边缘,对该国的收入分配有着决定性的影响。在外资部门的工作人员会逐渐形成"劳动力精英"(labor elite),他们的工资远远超过正常部门的工资(Grilling,1993),虽然这在某种程度上会刺激国内的部门也相应提高工资,但由于外资企业更倾向于资本密集型产业,结果是收入不平等程度的拉大而不是缩小。邓宁(2006)就外商直接投资对收入分配的影响进行过简单分析。当一个国家在世界经济中处于依附位置时,对其经济发展与收入分配不平衡的影响是正向的,但此结果并不显著。樊园杰(2013)研究了出口贸易对我国地区收入差距影响,出口贸易和地区收入差距二者之间具有关联性,收入差距随着出口贸易的变化而变化,出口贸易拉大了收入差距。王若兰(2019)以外资管制政策调整为例,考察了市场竞争对企业间工资不平等的影响,并从企业技能组成工资和利润分享工资两方面考察其作用机制。研究发现,外资管制政策调整强化的市场竞争明显扩大了企业间工资不平等;而企业与员工之间的利润分享渠道则是市场竞争影响工资不平等的内在机制。王小霞(2023)基于外资流入与工资收入之间的关系,从内需视角重点探讨了行业外资溢出如何影响劳动者收入。其实证结果表明,外资流入对工资差距的水平和垂直效应有所差异,主要体现在行业的上下游之间:行业内外资进入虽然会拉大企业间工资差距,但效果不明显;而上下游外资进入对工资差距的影响更加显著,上游外资溢出对工资差距存在扩大效应,下游外资溢出对工资差距存在缩小效应。

(三)我国关于对外贸易、外商直接投资与收入分配理论研究

关于贸易开放与我国收入分配关系的理论研究不多,最早是从保护性贸易政策视角展开的。林毅夫、菜昉、李周(1999)认为,一个国家或地区收入分配格局变迁受该国在全球竞争压力下经济发展战略选择和所实行的社会政策制约。他们认为如果政府保护少数资本密集型的产业,会使被保护产业的工人收入水平因缺少市场竞争而明显高于其他行业,而大量劳动密集型产业会因投入不足而发展缓慢,结果造成严重的显性或隐性失业,再加上社会政策缺失,一国收入分配状况的恶化将难以避免。尹翔硕(2003)则基于(Findlay Grubert Theorem)定理和S-S定理,认为中国加入WTO后面临发展传统劳动密集型产业还是推动技术进步发展高新技术产业的矛盾,同时指出推动传统产业的技术改造和高新技术产业的发展，特别是推动能提高所有产业生产率的通用技术进步，可以解决这一矛盾。张平（2003）在其《增长与分享》一书中，从宏观角度对全球化视角下的收入再分配政策选择问题进行了探讨。刘力（2005）则通过结构分析法探讨了贸易开放与中国区域经济收入差距演化的结构关联机制，进而对我国区域经济差异扩大的贸易成因做出解释与判断。蔡昉（2006）在《全球化、经济转型与中国收入分配优化的政策选择》一文中，通过构造了一个普通劳动者从中国参与全球化中获益的理论分析框架，为在经济发展转折点上，如何通过政策选择实现经济增长与收入分配公平的共赢提供了理论参考。从文献研究看，目前我国大部分的相关研究还是集中在贸易开放对我国收入分配影响的经验研究方面。吉生保等（2021）通过构建包含外资研发嵌入的城乡收入差距数理模型，从理论上探讨了外资研发嵌入对城乡收入差距的影响，研究显示外资研发嵌入的增加一般会缩小东道国城乡收入差距，但是如果东道国是大国，寡占反应理论导致的"战略效应"会拉大东道国城乡收入差距。黄凌云（2023）基于外资准入负面清单管理模式试点的准自然实验，通过构建双重差分模型，考察了外商投资自由化对企业劳动收入份额的因果效应及其作用机制。研究发现，负面清单模式引致的外商投资自由化显著降低了企业劳动收入份额，外商投资自由化可以通过加快企业资本深化和带来资本偏向型技术进步降低劳动收入份额，但没有显著证据表明外商投资自由化可以通过降低垄断来提升劳动收入份额。研究对进一步优化要素收入分配格局、实现国内国际双循环的良性互动具有启示意义。

二、对外贸易、外商直接投资与收入分配问题经验研究综述

（一）对外贸易与收入分配问题经验研究综述

贸易开放对收入分配影响的经验研究是收入分配研究的热点领域之一。就研究对象而言，对外贸易对收入分配影响的实证检验除了探讨国家间收入差距外，大部分文献集中于贸易开放对一国内部的收入分配失衡影响的经验检验。长期以来，国内外学者对于贸易自由化对收入分配影响的经验研究大多数都是在经典定理假设的基础上建立数据检验模型，得出相应结论。这些文献中绝大

部分的实证研究是基于整体收入差距、城乡收入差距、地区收入差距、个人收入差距的评估。然而面对同一经典理论假说,学者们得出的经验研究结论却迥然不同。

一部分学者认为对外贸易使收入差距扩大。赵莹(2003)将教育、失业率、中国经济转型过程中的发展战略等变量同时引入模型以后,实证分析结果显示中国的贸易开放倾向于扩大中国的个人之间的收入差距。孙文远和裴育(2012)利用中国省级面板数据,实证研究了产品内国际分工对收入分配的影响,发现产品内国际分工显著导致收入分配恶化,在全国范围内,虽然东中西部地区产品内国际分工对收入分配的影响方向一致,但呈现东中西逐渐减弱的态势。陈浩(2016)通过实证分析认为对外贸易的发展的确对于我国城乡收入差距的扩大有着重要作用,但是不能因此而否定对外贸易、拒绝发展对外贸易。我们应当在充分发挥对外贸易对促进经济发展、提高居民收入功能的同时,采取调整贸易结构、加大农业利用外资的力度、建立统一完善的要素市场、发挥政府政策协调作用等措施缩小城乡收入差距。刘国晖(2017)也得出了相同的结论,他利用1981~2014年的数据对我国贸易开放度与收入差距之间的关系进行了实证分析,结果显示随着我国贸易开放程度的提高,收入差距是不断扩大的。宋晓东等(2018)认为受我国进出口产品结构的影响,对外贸易规模每增加1%,城乡收入差距将会扩大0.37%,但随着对外贸易范围的扩大,收入差距逐渐缩小。夏云(2020)选取中国2000~2018年共19年的数据,运用空间计量和协整检验两种方法,分析了对外贸易是如何影响中国省际和地区之间的收入差距,发现对外贸易增大了国内27个省市和三大地区之间的收入差距。张泉(2022)研究发现,中国的贸易自由化会扩大东部、中部和西部的城乡居民收入差距,且这种影响在西部地区最为明显。

一部分学者的研究结果却全然相反。王小鲁、樊纲(2005)使用1996~2002年我国30个省区市的年度数据,通过面板数据模型方法,对收入差距走势及其影响因素进行检验。实证结果显示投资率、外资比重、外贸依存度这三个变量符号为正,虽不显著,但t值都超过1,提示可能对城镇收入差距有影响,说明这些经济增长因素带来的收入分配是不均等的。外贸依存度对城乡收入差距也有正影响,统计显著程度达到1%。这可能是因为经济外向化主要带动了城市经济的发展,因而拉大了城乡收入差距。袁冬梅、魏后凯、杨焕

（2011）认为贸易开放度的扩大和制成品贸易比重的上升均有利于城乡收入差距缩小。另一部分学者则通过实证研究发现对外贸易和收入不平等存在倒"U"形关系或其关系不显著。付艳秋（2022）采用空间杜宾模型对 2001～2020 年我国 30 个省份（西藏数据不全，除去）的数据进行实证分析，结果显示贸易开放对城乡收入差距的影响显著为负，贸易开放进程的深入推进对城乡收入差距的缩小有着积极作用。胡超采用我国 1985～2005 年的时间序列数据，就对外贸易与收入不平等的关系进行了实证研究。发现对外贸易与收入不平等是一种倒"U"形的关系。1985～2004 年对外贸易拉大了我国的收入不平等，之后则缩小了收入不平等，有相同观点的还有郭欣（2016）、王海欣（2016）、黄昌盛（2020）等学者。

还有部分学者对不同服务贸易组成部分进行实证检验，得出不同的结果。肖晓军（2015）利用我国 1982～2010 年的年度数据，通过引入多个控制变量，采用多元回归模型对不同服务贸易组成部分对我国城乡居民收入差距的影响进行实证检验，结果表明旅游服务、其他商业服务贸易具有缩小我国城乡居民收入差距的效应，而交通运输服务具有扩大我国城乡居民收入差距的效应。范爱军等（2013）利用我国 1982～2011 年的年度数据、引入多个控制变量的实证分析结果表明：货物贸易的发展会使收入差距先减少后扩大，而服务贸易的发展则使得收入差距先扩大后缩小，同时教育发展水平等因素也对城乡收入差距有显著影响。吴海江通过对 1978～2011 年全国各省的面板数据分析得出，贸易开放对城乡居民收入差距的贡献率较低，表现为负向贡献作用；但单独考察进出口时，进口开放与出口开放对城乡居民收入差距的贡献率均较大，且出口开放呈正向贡献作用，进口开放呈负向贡献作用。王涛等（2015）运用 2003～2012 年，我国 30 个省区市的进（出）口和各行业的数据，通过系统的比较和分析发现沿海发达省份无论是对外贸易还是行业收入差距均呈现比较突出的特点，对外贸易频繁而且行业收入差距较大，而内陆省份，特别是中西部省份，对外贸易较少而且收入差距相对较小。在此基础上，运用面板数据模型分析方法，分析了 10 年间全国 30 个省区市和 19 个行业对外贸易与行业收入差距的关系，并区分了进口和出口，结果表明，出口扩大行业收入差距，而进口却有助于缩小行业收入差距。王璇（2018）以山东省为例，研究了贸易开放与收入差距的关系，发现区域之间的收入差距因为 FDI 的引入有扩大之势，而区域内部则会因 FDI 的引入而使收入分配更均等。从传导机制的角度看，随着二三产业从业人员的占比增大、鲁中南和鲁西北地区的城乡收入差距扩大；FDI 向二三产业的聚集投资加剧了鲁东沿海地区的收入不均等，但却降低了鲁中南地区的城乡收入差距；此外，FDI 通过扩大贸易进出口加剧了鲁东沿海地区的城乡收入分配不平衡，但是缩小了鲁中南的城乡收入差距。李媛媛（2019）通过实证研究发现，贸易依存度与行业收入差距总体呈正向关系，但是进口依存度的提升缩小了行业收入差距，出口依存度的提升扩大了行业收入差距。从分区域回归结果来看，东部地区无论是进口依存度还是出口依存度的提升，都缩小了行业的收入差距，中部地区进口依存度的提升改善了行业收入差距，出口依存度的提高却扩大了行业收入差距，西部地区由于贸易开放较晚，进口依存度和出口依存度的提升都扩大了行业收入差距。

（二）外商直接投资与收入分配问题经验研究综述

理论指导实践，实践反过来验证理论的可靠性，基于 FDI 的相关理论，学者们进行了一系列实证研究。关于 FDI 与收入分配的关系问题，主要有两个研究角度：一是从国家角度，结合国家或地区数据进行分析，目前绝大多数文献都是此类研究；二是企业角度，研究外资进入对内外资企业收入的影响。学者们采用的实证研究方法主要有：利用时间序列模型、经验数据或（和）面板数据模型进行协整检验、变系数回归分析或（和）固定影响分析等，结合基尼系数、泰尔系数、结构相对数或（和）城乡收入比等。

阚大学（2012）采用王少平和欧阳志刚提出的泰尔指数测度城乡收入差距，基于我国 1987~2008 年度的省级面板数据，使用非参数模型估计方法，对外资依存度与城乡收入差距的关系进行实证研究。结果发现，外资依存度与城乡收入差距并不是简单的倒"U"形关系，城乡收入差距随着外资依存度的增加先增加后下降然后趋于稳定。李坤望、冯冰（2012）发现进口贸易是国际贸易不利于劳动要素分配地位的又一途径。进口依存度的提高显著抑制了工业劳动收入占比的提高。他们从进口贸易和出口贸易两个角度探讨了对外贸易开放度的提升对中国工业劳动收入占比下降中所起的作用，发现进口贸易的作用显著为负，而出口贸易为弱负向作用，此外，资本增强型技术进步也是我国工业部门劳动要素分配地位弱化的重要原因。戴维（2020）对我国 1982~

2018年的时间序列数据进行了分析。在指标的选取上，引入泰尔指数的概念，将城乡收入差距的泰尔指数和劳动力收入差距的泰尔指数作为被解释变量用来衡量收入差距，将服务贸易对外依存度作为解释变量，并将实际外资依存度作为控制变量，经过两次VAR模型实证研究后发现：服务贸易开放度的增加将在短期内使得城乡收入差距扩大，但在长期内使得城乡收入差距缩小；服务贸易开放度的增加将在短期内使得劳动力收入差距扩大，而在长期内也同样有着使劳动力收入差距扩大的作用。

任志成、张二震（2006）通过梳理全球化背景下南北收入差距问题的最新研究成果，发现南北收入差距有缩小的趋势，而首要原因是中国和印度融入全球化，此外，更多的南方国家积极参与国际分工并呈现多样化的发展态势也是南北收入差距缩小的重要原因。刘峰（2022）实证分析了经济全球化对国际与国内收入分配格局的影响，研究结论表明，经济全球化在给各国与地区带来巨大利益的同时，也带来了新的风险和挑战，最为尖锐的便是国际贸易利益分配格局与国家内部的收入分配格局双重失衡问题。

崔黎波（2011）利用各省市面板数据，采用变系数回归模型和固定影响模型实证研究了FDI对资本输入国收入的影响和外商直接投资引起中国城乡居民收入差距的传导机制，发现FDI虽然可以优化中国城乡收入分配，但对不同地区影响效应不同，尤以其对中国西部的负面影响最大。李振兴（2021）采用2002～2013年的数据进行了实证分析，发现外资进入扩大了高、低技能劳动者的技能工资差距，但这种扩大作用呈现出逐渐缩小的趋势。

一些学者研究了对外贸易和FDI对收入差距的机制，从商品价格、要素流动、技术进步、就业拉动和政策等方面进行了分析。戴枫（2010）研究了FDI与地区收入差距之间的关系，并创造性地将劳动力变量从传统的低、高技能（或者是熟练、非熟练）发展为低、中、高技能三类。他发现外商直接投资在拉大中国各省（自治区）内部的城乡收入差距的同时，却可以缩小地区间的工资差距。各地的要素禀赋差异也对地区差距起到了不同的作用，其中，低技能劳动力倾向于扩大地区间和地区内的收入差距，中等技能劳动力则能够同时缓解地区间和地区内的收入差距，高技能劳动力对地区内部收入差距的作用具有不确定性，但却能缩小地区间的差异。并且，中等技能劳动力对地区间和地区内差距的缩减弹性都是最大的。人均可耕地面积与资本产生的地区内收入分配作用正好相反，前者会扩大收入差距，而后者则能缓解收入差距。此外，对东中西三大区域的比较显示，目前中部地区省份吸引外资能够在最大程度上缩小省际的收入差距。

另外一些学者将对外贸易、外商直接投资等因素引入收入分配研究模型。李宁（2013）选取外资贸依存度、出口贸易结构、进口渗透率和外资流量在 GDP 中占比等指标，研究贸易开放对收入分配的影响，得出我国地区收入差距与外资份额、贸易空间分布密切相关，且对外贸易依存度和外资是我国要素分配失衡即劳动报酬占比过低的单向原因等结论。曹博（2015）利用中国 1985~2012 年的时间序列数据，分析了贸易开放度、FDI 以及财政分权对中国收入分配的影响，实证检验结论为贸易开放会导致一个国家的收入不平等度逐渐加深，与斯托尔帕·萨缪尔森定理不一致。王钊业（2022）研究外商直接投资对城乡收入差距的影响，得出"外商直接投资缩小了长三角地区城市的城乡收入差距、对长三角非中心区城市影响更为明显"的结论。

第三节　本章小结

通过对国内外收入分配领域文献的研究梳理，以及对我国对外贸易、外商直接投资对收入分配问题影响相关文献的归纳，我们发现，在不同时期和历史背景之下，学者们对于收入分配问题的研究重点不尽相同。除了对外贸易之外，外国直接投资也是一种典型的开放模式，且逐渐成为国际资本的主要流动形式，对东道国经济产生了深远的影响。不仅为其带来了资本等有形资源，还为其带来了技术、管理技能等无形资源，尤其是"技术溢出"，传统理论认为那种基于再出口目的的外国直接投资，如果资本流入主要集中在接受国劳动力密集的部门，就会有可能会导致发展中国家工资不平等的降低，如果考虑到产品生产的全球价值链，发展中国家会因为外国直接投资中"外包"而提高本国产业的技术水平，改变其生产的结构，最终导致在发达国家和发展中国家对熟练劳动力的需求都会增加，同时引起两种类型国家工资不平等的增长。

总体而言，无论是国内还是国外，研究对外贸易、外商直接投资对收入分配的影响还是一个充满争议的领域。就我国的研究而言，这一领域更有待丰富。国内关于此方面的研究才刚刚兴起，可能与我国国情和对外贸易、外商直接投资开放程度进程有关。改革开放以来，我国经济发展一直是伴随着对外贸易、外商直接投资开放进程的推进，因此，把握对外贸易、外商直接投资开放特征是理解我国收入分配问题的关键因素。从文献研究看，无论是从理论角度还是从经验研究角度，目前国内外学术界关于对外贸易、外商直接投资对收入分配影响的研究都存在诸多争议，我国的经验研究结论也不尽统一。这也意味着相关的理论探讨和经验研究既具有很多启示意义同时也存在很大的拓展空间。

第三章　我国对外贸易、FDI 与收入差距现实背景

第一节　我国对外贸易发展现状分析

一、对外贸易规模发展迅速

改革开放以来，我国不断地扩大对外开放的各个领域，建立健全对外贸易相关政策，以此对外贸易获得快速增长。按照进出口总额可把我国改革开放以来的对外贸易发展分为四个阶段：

第一阶段：1978 年至 1990 年，随着 1978 年改革开放，我国进入经济体制转轨时期，对外贸易处于起步阶段，进出口总额在世界贸易中所占份额相对较小，1978 年进出口总额仅为 206.4 亿美元，至 1990 年进出口总额增长至 1 154.40 亿美元。

第二阶段：1991 年至 2000 年，我国经济转轨初见成效，进出口规模平稳增长。此阶段我国对外贸易规模呈稳定增长态势，由 1991 年进出口总额 1 357 亿美元增加至 2000 年的 4 742.90 亿美元。

第三阶段：2001 年至 2008 年，与国际经济全面接轨，对外贸易进入快速增长阶段。2001 年我国正式加入世界贸易组织，标志着我国经济与国际经济全面接轨，我国抓住机遇积极应对各种挑战，对外贸易获得长足发展，对外贸易规模迅速扩张。2001 年我国进出口总额 5 096.5 亿美元，至 2008 年增长到 25 632.55 亿美元，年均增长率为 25.96%；出口总额由 2001 年的 2 661 亿美元增至 2008 年的 14 306.9 亿美元，年均增长率为 27.16%；进口总额由 2001 年的 2 435.50 亿美元增至 2008 年的 11 325.67 亿美元，年均增长率为

24.55%，均实现了年均超20%的高增长，① 由此可见对外开放的积极效应已初具规模且增势良好。

第四阶段：2009年至今，调整后的新一轮快速增长。2008年的全球金融危机给世界各国的实体经济造成了重创，在此背景下我国的对外贸易亦受到较大影响，至2009年底的对外贸易数据表明，经济危机的负面效应是显著的，2009年中国进出口总额为22 075.35亿美元，较2008年降低了14%，出口总额为12 016.10亿美元，较2008年降低了16%，进口总额为10 059.23亿美元，较2008年降低了11%。在各方面的共同努力之下，2010年我们终于走出了经济雾霾，开始了新一轮的增长。2011年起，中国提出"走出去"战略，推行"一带一路"倡议，充分发挥对外开放的作用，深度参与全球经济治理，加快构建公平、合作的互利共赢对外贸易发展模式。2013年，中国货物进出口总额为41 589.9亿美元，其中出口额22 090亿美元，进口额19 499.9亿美元②，中国成为世界第一货物贸易大国。

据统计2014年，我国货物进出口总额为43 030.4亿美元，增长3.4%。其中，出口总额为23 427.5亿美元，增长6.1%；进口总额为19 602.9亿美元，增长0.4%。实现贸易顺差3 824.6亿美元。我国在全球贸易中的份额由2002年的4.7%逐年上升至2014年的12.2%，2014年，中国进出口增速比全球贸易增速高出2.7个百分点，同期高于美国、欧盟、日本、印度、巴西等主要经济体增速，全球第一货物贸易大国地位进一步得到巩固③。2015年，我国货物进出口总值39 586.44亿美元，同比下降8.0%。其中，出口22 765.74亿美元，下降2.8%；进口16 820.70亿美元，下降14.1%；贸易顺差5 945.04亿美元，扩大55.4%。我国进出口额4.65万亿美元，比上年增长1.5%。其中，出口2.59万亿美元，增长3.6%；进口2.06万亿美元，下降1.1%；贸易顺差5 350.3亿美元，增加27.1%。2016年中国外贸发展面临的形势严峻复杂，国际市场需求疲弱，国内综合成本不断上升，不确定、不稳定因素增多，外贸市场下行压力较大。当年出口总额为20 976.32亿美元，下降7.7%。进

---

①② 中国人民共和国国家统计局：《2015年中国统计年鉴》，中国统计出版社2015年版。
③ 《中国对外贸易形势报告（2015年春季）》，中国商务部网站 http://zhs.mofcom.gov.cn/article/cbw/201505/20150500961584.shtml。

口总额为 15 879.25 亿美元，下降 5.5%。贸易总额为 36 855.57 亿美元，下降 6.8%。贸易顺差 5 107.3 亿美元，下降 13.9%。2017 年，世界经济温和复苏，国内经济稳中向好，推动全年我国外贸进出口持续增长。我国货物贸易进出口总值 41 071.38 亿美元，其中出口总额为 22 633.46 亿美元，进口总额为 18 437.92 亿美元，扭转了此前连续两年下降的局面。2018 年，在党中央、国务院的坚强领导下，各地区、各部门积极贯彻落实一系列促进外贸稳定增长的政策措施，有效应对外部环境深刻变化，对外贸易总体平稳，稳中有进，进出口规模创历史新高，全年外贸进出口总值 4.62 万亿美元，增长 12.6%；其中，出口 2.48 万亿美元，增长 9.9%；进口 2.14 万亿美元，增长 15.8%；贸易顺差 3 517.6 亿美元，收窄 16.2%。2019 年面对世界经济增长低迷、国际经贸摩擦加剧、国内经济下行压力加大等诸多困难挑战，在全球经贸整体放缓背景下，中国对外贸易实现稳中提质，为全球经贸复苏增长注入动力。2019 年我国进出口额 45 728.43 亿美元，下降 1.0%。其中，出口 2.5 万亿美元，增长 0.5%；进口 2.08 万亿美元，下降 2.8%；贸易顺差 4 215 亿美元，扩大 20.1%。受新冠肺炎疫情全球大流行冲击，2020 年世界经济严重衰退，贸易和投资大幅萎缩，全球产业链供应链面临断裂风险，叠加逆全球化、贸易保护主义等影响，我国对外贸易遭受严峻考验。但中国对疫情大规模蔓延的控制、强有力的宏观政策措施与生产消费的快速恢复，使得经济逆势增长，成为全球屈指可数保持经济正增长的经济体之一。全年对外贸易总额达 46 462.57 亿美元，较 2019 年增长 1.5%，其中出口 25 906.46 亿美元，增长 3.6%；进口 20 556.12 亿美元，较 2019 年下降 1.07%；全年贸易顺差高达 5 350.34 亿美元，较 2019 年增长 26.9%。2021 年我国经济发展和新冠肺炎疫情防控保持全球领先地位，外贸进出口实现较快增长，规模再创新高、质量稳步提升。全年进出口规模达到了 6.05 万亿美元，在 2013 年首次达到 4 万亿美元的 8 年后，年内跨过 5 万亿美元、6 万亿美元两大台阶，达到了历史高点。这一年的外贸增量达到了 1.4 万亿美元。2022 年，我国进出口总额 6.31 万亿美元，增长 4.4%。其中，出口 3.59 万亿美元，增长 7%；进口 2.72 万亿美元，增长 1.1%；贸易顺差 8 776.0 亿美元，扩大 30.9%。2022 年，我国对"一带一路"沿线国家进出口总额 13.83 万亿元，比上年增长 19.4%。图 3-1、图 3-2、图 3-3 分别表示了我国 2000～2021 年对外贸易的规模情况。

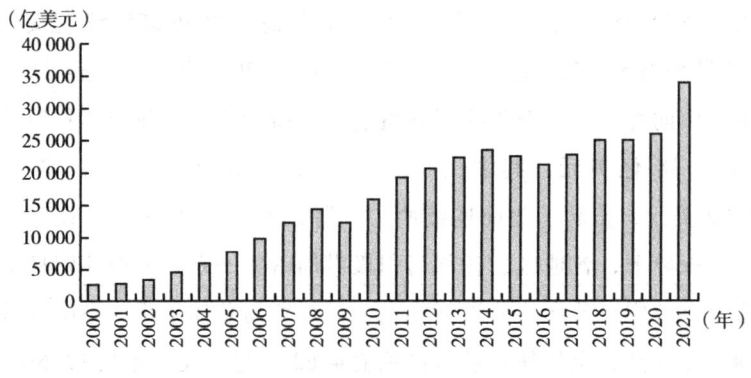

图 3-1　中国 2000~2021 年出口总额

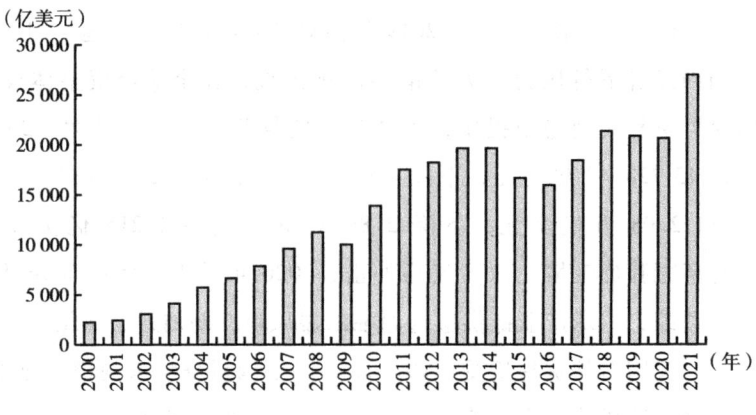

图 3-2　中国 2000~2021 年进口总额

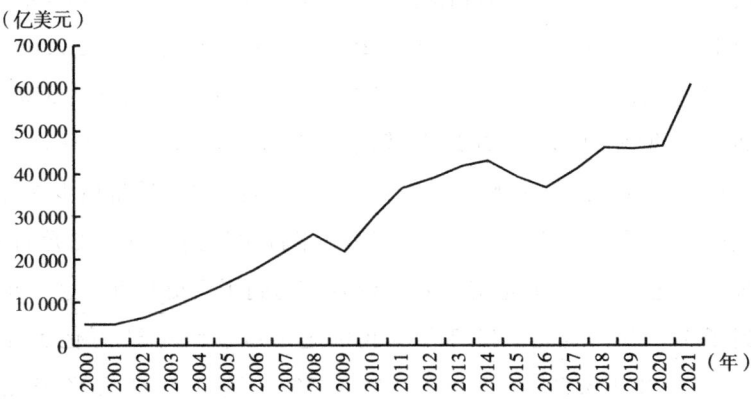

图 3-3　中国 2000~2021 年进出口总额

资料来源：中华人民共和国国家统计局，《2022 年中国统计年鉴》，中国统计出版社。中国统计局网站 http：//www.stats.gov.cn/tjsj/ndsj/。

二、对外贸易的国际市场与国内区域分布情况

就国际市场而言,我国对发达国家进出口贸易基本保持稳定。2021 年我国与前十大贸易伙伴进出口总额及比重如图 3-4、图 3-5 所示,2021 年,中国与美国贸易规模 7 556.45 亿美元,同比增长 28.7%。其中,中国对美国出口 5 761.14 亿美元,同比增长 27.5%,中国从美国进口 1 795.3 亿美元,同比增长 32.7%。日本与韩国是中国第二和第三大贸易伙伴国,2021 年,中日、中韩双边贸易额分别达 3 714.01 亿美元和 3 623.51 亿美元,同比分别增长 17.1% 和 26.9%。

中国与拉丁美洲的贸易规模达到 4 515.9 亿美元,同比增长 41.1%,其中对拉丁美洲出口 2 290.1 亿美元,同比增长 52.0%,从拉丁美洲进口 2 225.81 亿美元,同比增长 31.4%。

2021 年,中国对大洋洲的进出口规模达到 2 660.15 亿美元,同比增长 34.1%,其中对大洋洲出口 805.7 亿美元,同比增长 24.5%,从大洋洲进口 1 854.45 亿美元,同比增长 38.8%。

对非洲的贸易规模达到 2 542.89 亿美元,同比增长 35.3%,其中对非洲出口 1 483.66 亿美元,同比增长 29.9%,从非洲进口 1 059.22 亿美元,同比增长 43.7%。

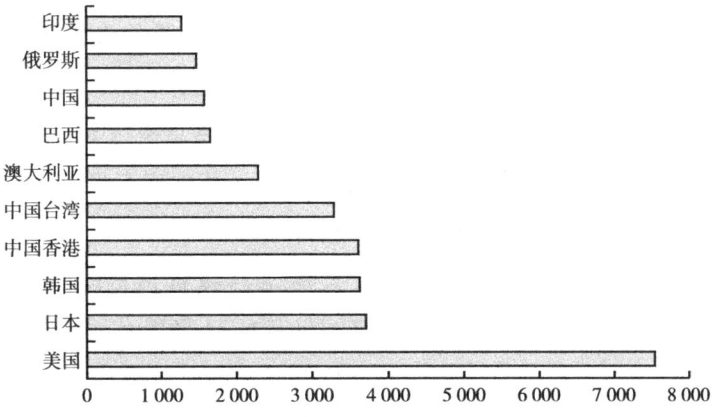

图 3-4 中国 2021 年十大贸易伙伴进出口额(单位:亿美元)

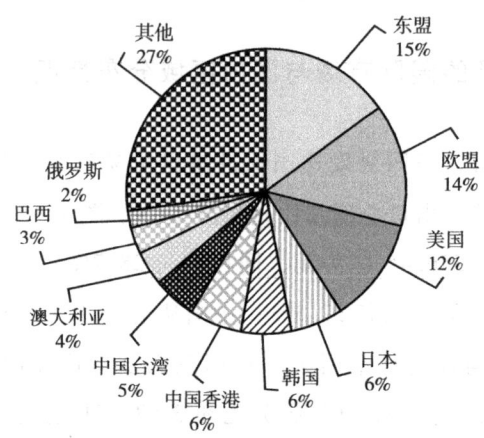

图 3-5 中国 2021 年十大贸易伙伴进出口额占比

资料来源：中国商务部网站 http：//www.mofcom.gov.cn/。

我国贸易发展国内区域分布不均由来已久，一直存在东重西轻的现象。按照中国统计局《2014 年国民经济和社会发展统计公报》的划分方式，我国可分为东部、中部、西部和东北部四大地区。东部地区是指北京、天津、河北、上海、江苏、浙江、福建、山东、广东和海南 10 省（市）；中部地区是指山西、安徽、江西、河南、湖北和湖南 6 省；西部地区是指内蒙古、广西、重庆、四川、贵州、云南、西藏、陕西、甘肃、青海、宁夏和新疆 12 省（区、市）；东北地区是指辽宁、吉林和黑龙江 3 省。

众所周知，我国对外贸易起始于东部地区，藉此东部地区的对外贸易发展远远快于中西部及东北地区。2021 年，从对外贸易收发货人所在地进出口规模看，广东、江苏、浙江、上海、北京、山东、福建、四川、天津与河南依然位居前十。作为收发货人所在地，广东省的对外贸易总额达 12 795.4 亿美元，同比增长 25%，占中国对外贸易总额的 21.4%。其中广东出口 7 819.1 亿美元，同比增长 24.5%，进口 4 976.3 亿美元，同比增长 25.5%。从收发货人所在地进出口增长幅度看，增长幅度最大的是西藏自治区，同比增幅高达 100.5%，但西藏自治区的贸易总额不高，仅有 6.22 亿美元，在中国 31 个省、直辖市及自治区中，居最后一位；增幅位居其次的是宁夏回族自治区，2021 年，宁夏对外贸易增长 86.2%。不过，与西藏一样，宁夏的进出口规模也极小，仅有 33.2 亿美元。因此，我国必须在追求对外贸易规模的同时更加关注外贸的地区分布不平衡问题,积极改善地区间的贸易差距,促进我国对外贸易可持续发展。见图3-6。

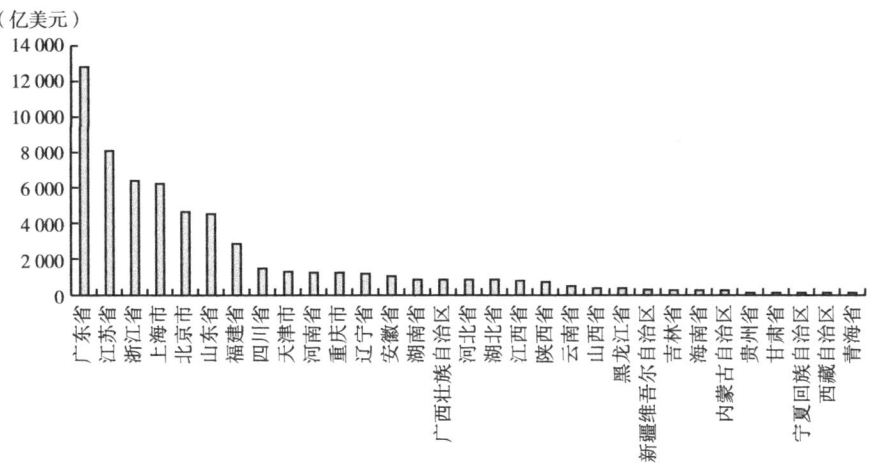

图3-6　2021年中国各省区市贸易总额及排名

资料来源:国家统计局网站。

本书选取了自2002年至2021年各地区按目的地货源地分进出口总额数据进行分析整理,从发展趋势来看,党的十八大以来,我国东部地区对外贸易保持稳步增长,2021年外贸进出口4.8万亿美元,比2012年增长46.9%,年均增长4.4%,占同期我国外贸进出口总值的79%。中西部地区对外开放加速推进,2021年,进出口额1.1万亿美元,是2012年的2.5倍,年均增长10.7%,较同期我国外贸整体年均增速高5.6个百分点,占同期我国外贸进出口总值的18%,较2012年提升6.6个百分点。中西部地区贸易额自2011年起占全国比重稳中有升,年贸易额稳步增长。再加之近年来中西部地区积极承接沿海地区和国外产业转移,外贸发展潜力逐步显现,参与对外贸易能力明显增强。见表3-1、图3-7。

表3-1　我国地区进出口额占全国比重(2002~2021年)

年份	2021	2020	2019	2018	2017	2016	2015	2014	2013	2012
东部	0.79	0.8	0.81	0.82	0.82	0.83	0.83	0.83	0.85	0.85
中部	0.09	0.08	0.07	0.07	0.07	0.06	0.06	0.06	0.05	0.05
西部	0.09	0.09	0.09	0.08	0.08	0.07	0.07	0.07	0.06	0.06
东北	0.03	0.03	0.03	0.03	0.03	0.04	0.04	0.04	0.04	0.04

续表

年份	2011	2010	2009	2008	2007	2006	2005	2004	2003	2002
东部	0.86	0.87	0.88	0.87	0.88	0.89	0.89	0.88	0.88	0.88
中部	0.05	0.04	0.04	0.04	0.04	0.03	0.03	0.04	0.04	0.03
西部	0.05	0.04	0.04	0.04	0.04	0.03	0.03	0.04	0.04	0.04
东北	0.04	0.04	0.04	0.05	0.04	0.04	0.05	0.05	0.05	0.05

资料来源：中国统计局网站 http：//www.stats.gov.cn/tjsj/ndsj/。

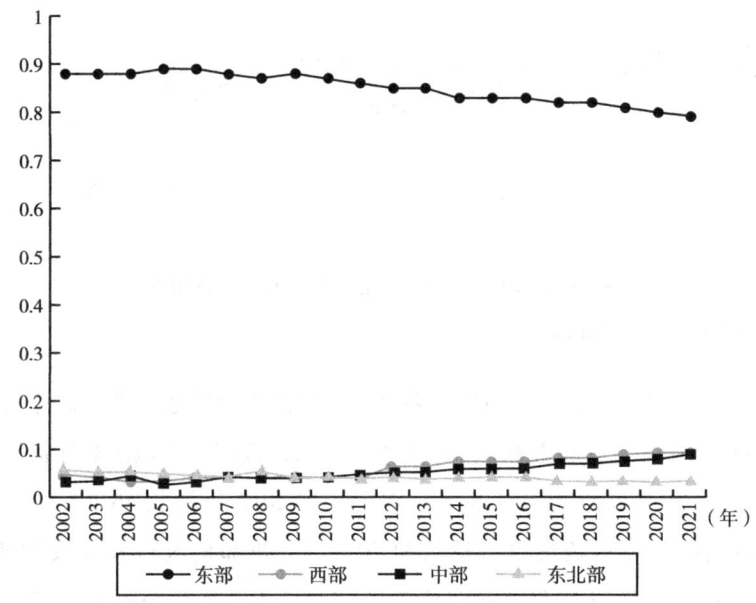

图3-7　2002~2021年各地区进出口额占比变化趋势

资料来源：中国统计局网站 http：//www.stats.gov.cn/tjsj/ndsj/。

根据中国海关的数据，2021年，中国与"一带一路"沿线国家的贸易总额达17 954.25亿美元，较2020年增长32.6%，比2021年中国对外贸易整体增速高2.6个百分点。其中，中国对"一带一路"沿线国家出口10 203.9亿美元，同比增长30.1%；中国从"一带一路"沿线国家进口7 750.35亿美元，同比增长35.99%。从"一带一路"贸易增长速度看，2016年以来，除2020年受疫情影响、"一带一路"沿线贸易增速低于中国对外贸易整体增长速度外，其余年份"一带一路"沿线贸易增速都高于中国对外贸易整体增速。从2021年对外贸易总体情况看，"一带一路"贸易在中国对外贸易中的占比继续缓慢提升，在对外贸易总规模中，"一带一路"贸易占比达到29.7%，较2020年占比提升0.6%，也超过2019年占比29.3%的水平。

总体来看，2013年"一带一路"倡议提出以后，中国与"一带一路"沿线国家的贸易规模不断提升，"一带一路"贸易在中国对外贸易中的份额也逐渐提升，从25%左右提升到接近30%，突显了"一带一路"贸易在中国对外贸易中的重要地位。不过，从最近三年"一带一路"沿线国家贸易情况看，"一带一路"贸易的占比正趋于稳定。但中国与"一带一路"沿线国家的贸易极不平衡，目前中国"一带一路"贸易主要集中在东南亚、西亚、南亚区域国家，而对东南亚贸易主要集中在东盟。根据中国海关的统计数据，2021年，中国与东盟双边贸易额8 782.07亿美元，同比增长28.1%。其中，中国对东盟出口4 836.94亿美元，同比增长26.1%，中国从东盟进口3 945.12亿美元，同比增长30.8%。由于中国与欧盟的双边贸易剔除了中国与英国的贸易数据，所以东盟也再次超过欧盟，成为中国最大的贸易伙伴。中国与东盟的贸易占"一带一路"贸易的48.9%，较2020年下降1.6%。在"一带一路"贸易中，前十大贸易国的贸易额达12 709.5亿美元，占"一带一路"贸易总额的70.7%。在"一带一路"贸易排名中，中国与越南的双边贸易额甚至超过了排名靠后的43个国家与中国双边贸易之和。从目前的情况看，"一带一路"贸易的区域不平衡问题正在加剧。

三、对外贸易商品结构情况分析

（一）进出口商品结构

我国进出口商品结构经过调整，取得较好优化成效。从表3-2及图3-8可知，我国进口商品中呈现工业制成品高于初级产品的情况，初级产品主要进口矿物燃料、润滑油和非食用原料，工业制成品我国主要进口机械及运输设备。高新技术、资源类产品进口稳步增长，近20年来，我国高新技术产品进口稳步上升，年均增长14%，推动了我国产业结构的升级转型；资源类产品进口有序扩大，金属矿砂、原油、煤、天然气等资源类产品进口年均增长18%，为国内经济稳定增长提供了有力补充。这与我国经济发展建设需求吻合,尽管我国地大物博各种矿产资源丰富,但仍需进口大量的矿物燃料以支持国家的建设发展。

表3-2　　　　　2011~2021年1~10月中国进口商品结构　　　　单位:亿美元

项目	2012年	2013年	2014年	2015年	2016年
总值	18 184.1	19 499.9	19 602.9	16 819.5	15 874.2
初级产品	6 349.3	6 576.0	6 474.4	4 730.1	4 401.6
食品及活动物	352.6	417.0	468.2	505.0	491.4
饮料及烟类	44.0	45.1	52.2	57.7	60.9
非食用原料	2 696.6	2 861.4	2 701.1	2 104.6	2 019.1
矿物燃料、润滑油及有关原料	3 130.8	3 149.1	3 167.9	1 988.0	1 762.8
动、植物油脂及蜡	125.3	103.4	84.9	74.8	67.3
工业制成品	11 834.7	12 926.9	13 128.5	12 089.4	11 472.6
化学品及有关产品	1 792.9	1 903.0	1 933.7	1 713.2	1 640.1
按原料分类的制成品	1 462.6	1 482.9	1 724.2	1 333.2	1 218.5
机械及运输设备	6 529.4	7 103.5	7 244.5	6 834.2	6 579.4
杂项制品	1 362.2	1 390.1	1 398.4	1 347.4	1 260.1
未分类的其他商品	687.7	1 047.4	827.6	861.3	774.5
项目	2017年	2018年	2019年	2020年	2021年1~10月
总值	18 409.8	21 356.4	20 771.0	20 556.1	21 905.0
初级产品	5 770.6	7 016.1	7 289.4	6 770.7	7 988.9
食品及活动物	542.9	648.0	807.3	981.9	1 019.6
饮料及烟类	70.3	76.7	76.6	62.1	60.1
非食用原料	2 602.3	2 722.1	2 850.6	2 944.8	3 628.1
矿物燃料、润滑油及有关原料	2 478.4	3 491.6	3 461.1	2 675.4	3 160.1
动、植物油脂及蜡	76.8	77.8	93.8	106.5	121.0
工业制成品	12 639.2	14 340.2	13 435.0	13 785.4	13 916.2
化学品及有关产品	1 937.4	2 236.8	2 187.7	2 133.3	2 158.7
按原料分类的制成品	1 350.7	1 514.5	1 400.4	1 682.8	1 689.5
机械及运输设备	7 348.5	8 395.2	7 865.1	8 285.9	8 175.7
杂项制品	1 341.7	1 437.6	1 442.1	1 460.1	1 406.0
未分类的其他商品	660.8	756.1	539.8	223.3	486.2

资料来源:中国商务部网站 http://www.mofcom.gov.cn/。

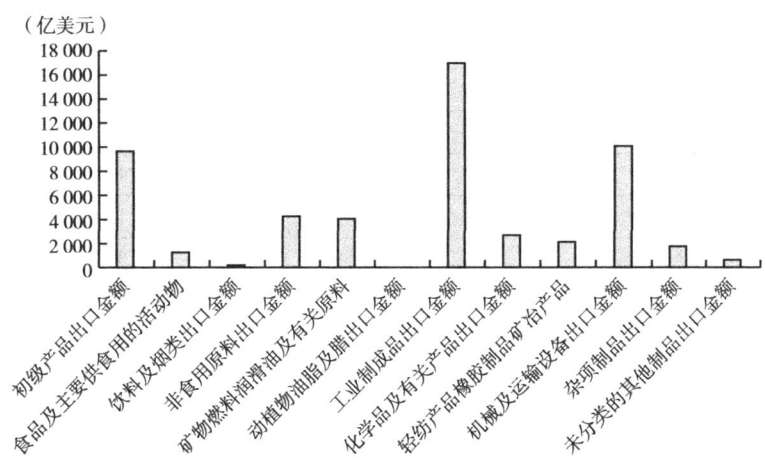

图 3-8　2021 年中国各类商品进口金额

从表 3-3 及图 3-9 可以看出，近 20 年来，我国出口年均增长 12.5%，鞋类和纺织与服装长期保持较高的出口份额，塑料橡胶制品、机器与电子产品、皮革类出口份额位于第二梯队，木材类种类相较 2015 年有所下降。2018 年，我国纺织与鞋类产品出口量不断提升，反映出我国传统产业比较优势集中在处于产业链下游的纺织与服装产品，随着出口产品结构的不断完善，出口产品实现升级换代，机器与电子产品等技术要素密集型产品出口量呈上升趋势，成为最主要的出口产品，2021 年，我国出口机电产品 12.83 万亿元，增长 20.4%，占出口总值的 59%，其中自动数据处理设备及其零部件、手机、汽车分别增长 12.9%、9.3%、104.6%。同期，进口机电产品 7.37 万亿元，增长 12.2%，占进口总值的 42.4%，其中集成电路进口增长 15.4%。汽车、手机出口呈现较高韧性，高端制造业将对出口形成支撑。

表 3-3　2012~2021 年 1~10 月中国出口商品结构　　　　单位：亿美元

项目	2012 年	2013 年	2014 年	2015 年	2016 年
总值	20 487.1	22 090	23 427.5	22 749.5	20 981.5
初级产品	1 005.6	1 072.8	1 127.1	1 039.8	1 050.7
食品及活动物	520.7	557.3	589.2	581.6	610.5
饮料及烟类	25.9	26.1	28.8	33.1	35.4
非食用原料	143.4	145.7	158.3	139.2	130.8

续表

项目	2012年	2013年	2014年	2015年	2016年
矿物燃料、润滑油及有关原料	310.1	337.9	344.5	279.4	268.4
动、植物油脂及蜡	5.4	5.8	6.2	6.4	5.6
工业制成品	19 481.6	21 027.4	22 300.4	21 709.7	19 930.8
化学品及有关产品	1 135.7	1 196.6	1 345.9	1 296.0	1 218.9
按原料分类的制成品	3 341.5	3 606.5	4 003.8	3 913.1	3 512.0
机械及运输设备	9 643.6	10 392.5	10 706.3	10 594.5	9 845.1
杂项制品	5 346.6	5 814.5	6 221.7	5 881.5	5 296.2
未分类的其他商品	14.2	17.3	22.7	24.6	58.6

项目	2017年	2018年	2019年	2020年	2021年 1~10月
总值	22 635.2	24 874.0	24 990.3	25 906.5	27 011.4
初级产品	1 177.1	1 350.9	1 339.4	1 154.7	1 129.8
食品及活动物	626.4	654.7	649.9	635.5	557.2
饮料及烟类	34.7	37.1	34.8	24.8	21.5
非食用原料	154.4	180.2	172.2	159.2	178.6
矿物燃料、润滑油及有关原料	353.5	468.1	470.9	321.1	354.3
动、植物油脂及蜡	8.1	10.7	11.5	14.0	18.2
工业制成品	21 458.1	23 520.2	23 599.9	24 751.7	25 881.6
化学品及有关产品	1 413.3	1 675.3	1 617.8	1 691.9	2 104.3
按原料分类的制成品	3 680.5	4 047.5	4 067.7	4 342.3	4 344.6
机械及运输设备	10 829.1	12 080.6	11 955.0	12 583.1	12 931.9
杂项制品	5 477.7	5 658.1	5 835.3	5 848.9	6 155.7
未分类的其他商品	57.6	58.7	124.1	285.5	345.1

资料来源：中国商务部网站 http://www.mofcom.gov.cn/。

（二）对外贸易方式及经营主体结构情况

我国的对外贸易方式主要包括一般贸易、加工贸易和其他贸易，加工贸易是我国对外贸易的主要形式。1978年改革开放伊始，正逢发达国家向东亚等新兴工业化国家和地区转移成熟产业和"亚洲四小龙"向外转移部分劳动密集型加工业的时期。中国的加工贸易借此机会迅速发展起来，承接的多是"两头在外"的来料加工、进料加工和来件组装装配业务，大多是零部件贸

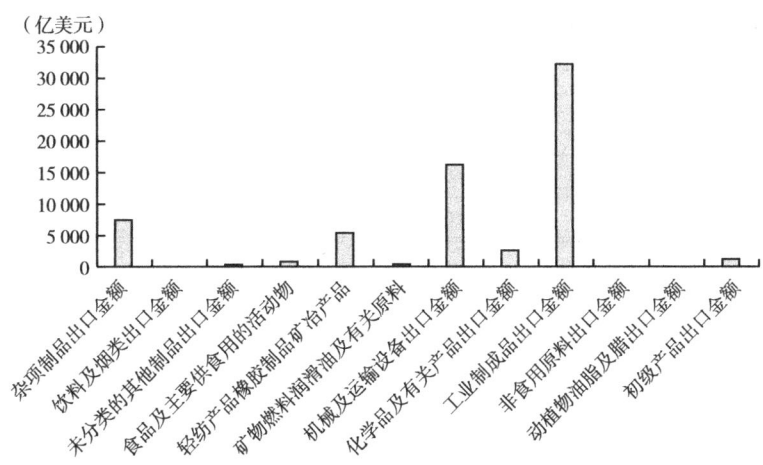

图 3-9　2021 年中国各类商品出口金额

资料来源：中国商务部网站。

易，属于产品内贸易或产业内贸易范畴。随着经济全球化发展和我国对外贸易发展，外包和中间品贸易也正成为我国当前开展产业内贸易的贸易形态，但加工贸易仍是中国开展产业内贸易的主要方式。2006~2015 年中国出口商品中加工贸易与一般贸易基本平分秋色，其中，2010 年之前加工贸易所占份额略高于一般贸易，之后一般贸易的比重升高，至 2014 年底，一般贸易出口额为 12 036.8 亿美元，加工贸易出口额为 8 843.6 亿美元，一般贸易出口占比恢复到一半以上，分别占出口总额的 51.38% 和 37.75%。2015~2020 年，中国一般贸易出口整体呈上升趋势，加工贸易出口整体有所萎缩，其他出口贸易整体变化不大。2020 年，一般贸易和其他贸易方式均较上年有所增长，分别为 59.34%、13.53%，加工贸易有所下降，为 27.13%。从占比结构看，2020 年相较 2015 年，加工贸易的占比下降 7.94 百分点，一般贸易占比增长 5.9 个百分点。2015~2020 年，我国一般贸易额自 2016 年来不断增长，而加工贸易额从 7 977.9 亿美元下降至 2020 年的 7 024 亿美元，加工贸易出口额进一步萎缩，这一变化趋势可以通过表 3-4 及图 3-10、图 3-11、图 3-12 表现出来。

表3-4　　　　　　　中国2012~2016年出口的贸易方式　　　　　　单位：亿美元

项目	2012年	2013年	2014年	2015年	2016年
总值	20 487.1	22 090.0	23 427.5	22 749.5	20 981.5
一般贸易	9 879.0	10 875.3	12 036.8	12 157	11 310.4
加工贸易	8 626.8	8 608.2	8 843.6	7 977.9	7 156.0
其他	1 981.4	2 606.5	2 547.1	2 614.6	2 515.1
项目	2017年	2018年	2019年	2020年	2021年1~10月
总值	22 635.2	24 874	24 990.3	25 906.5	27 011.4
一般贸易	12 300.9	14 009.9	14 439.5	15 373.7	16 440.9
加工贸易	7 588.3	7 971.7	7 354.7	7 024.8	6 576.4
其他	2 746.0	2 892.4	3 196.0	3 508.0	3 994.1

资料来源：中国商务部网站 http://www.mofcom.gov.cn/。

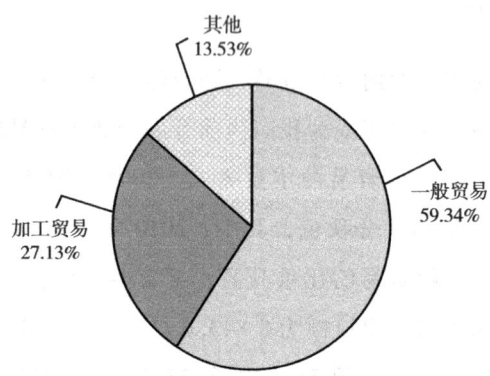

图3-10　中国2020年出口贸易方式占比

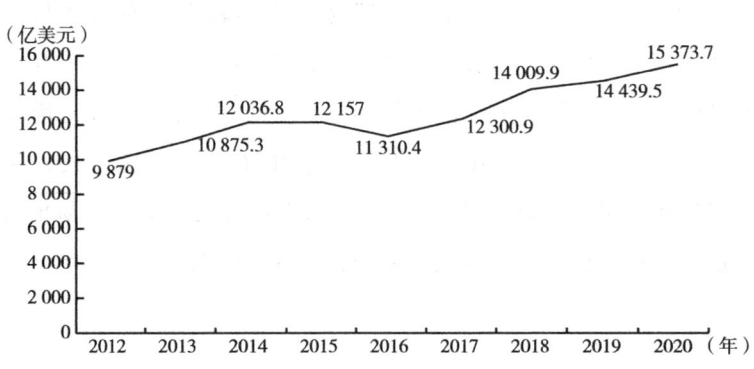

图3-11　2012~2020年一般贸易出口额

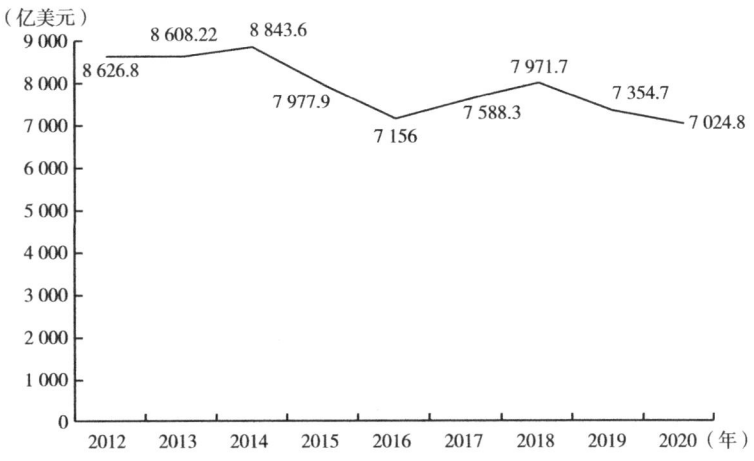

图 3-12　2012~2020 年加工贸易出口额

进口贸易方式包括一般贸易、加工贸易和其他贸易。从占比结构看，2020年相较 2015 年，加工贸易的占比出现下降，下降 6.92 个百分点，一般贸易占比增长 5.55 个百分点；其他贸易进口占比变化不大。中国一般贸易自 2017 年来缓慢下降趋势，加工贸易额整体不断下降，至 2020 年进口额下降至 4 042.1 亿美元。从整体发展趋势来看，我国进出口贸易方式结构面临进一步调整，加工贸易额下降趋势将进一步延续，这一趋势在图 3-13、图 3-14 中可以显示出来。

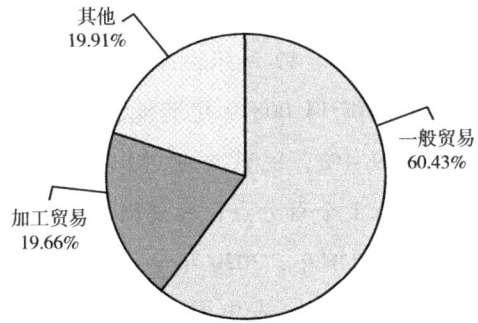

图 3-13　2020 年中国进口贸易方式占比

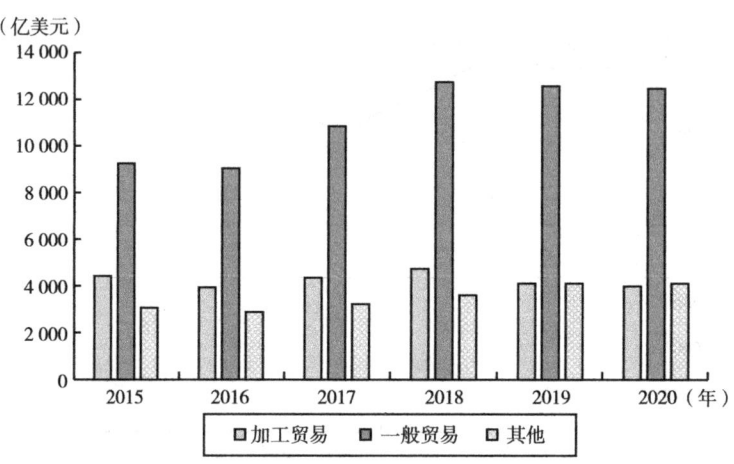

图3-14 2015~2020年中国各贸易方式进口额

从表3-5及图3-15可以看出，自2013年起，民营企业在我国对外贸易发展中越来越活跃，民营企业对出口增长的贡献接近一半。2014年，有进出口实绩的民营企业占外贸企业总数的比重超过70%，进出口1.57万亿美元，增长5.3%，占全国进出口总额的36.5%，较2013年提高0.6个百分点，对整体进出口增长的贡献达55.9%。国有企业进出口7475亿美元，下降0.2%，连续三年负增长。外资企业进出口1.98万亿美元，增长3.4%。①

在我国货物贸易进出口总值一直保持增长的背景下，民营企业占我国外贸总值比重持续扩大，外商投资企业占比则持续下降，国有企业占比在2020年后逐渐上升。如图3-16及图3-17所示，2020年，民营企业进出口总额达20991.7亿美元，其中出口额14008.9亿美元，同比增长12.8%，进口额6982.8亿美元，同比增长9.4%，民营企业进出口占中国对外贸易总额的45.2%，较2019年提升了4.1个百分点，展现出极强的贸易活力。而国有企业在对外贸易中的占比进一步缩小，2020年全年，国有企业进出口总额约为6657.1亿美元，同比下降13.8%，占中国对外贸易总额的14.3%，份额较2019年下跌2.6个百分点。外商投资企业进出口总额约为17975.9亿美元，同比下降1.4%，占中国对外贸易份额的38.7%。2021年，我国有进出口实绩

---

① 中国商务部网站 http://www.mofcom.gov.cn/。

的企业达到了 56.7 万家，其中民营企业 47.6 万家，在 2021 年进出口总值中占比达到了 48.6%，接近半壁江山。2022 年，国家出台了稳经济一揽子政策和接续措施，有效激发了包括民营企业在内的各类市场主体活力。2022 年，我国有进出口实绩的民营外贸企业 51 万家，进出口总值达到 31 800 亿美元，增长 12.9%。民营企业外贸第一大主体地位继续巩固，外贸"稳定器"作用持续发挥。2022 年，民营企业进出口规模年度占比首次超过一半，对我国外贸增长贡献率达到 80.8%。

表 3-5　　　　　　　　中国出口情况按企业性质分类　　　　　　单位：亿美元

项目	2012 年	2013 年	2014 年	2015 年	2016 年
总值	20 487.1	22 090.0	23 427.5	22 749.5	20 981.5
国有企业	2 562.5	2 489.9	2 564.9	2 423.9	2 156.1
外商投资企业	10 226.2	10 442.6	10 747.3	10 047.3	9 169.5
其他	7 698.4	9 157.5	10 115.3	10 278.3	9 655.9

项目	2017 年	2018 年	2019 年	2020 年	2021 年 1-10 月
总值	22 635.2	24 874	24 990.3	25 906.5	27 011.4
国有企业	2 312.3	2 572.6	2 356.1	2 074.8	2 203.1
外商投资企业	9 775.6	10 360.2	9 660.6	9 322.7	9 259.4
其他	10 547.3	11 941.3	12 973.6	14 508.9	15 548.9

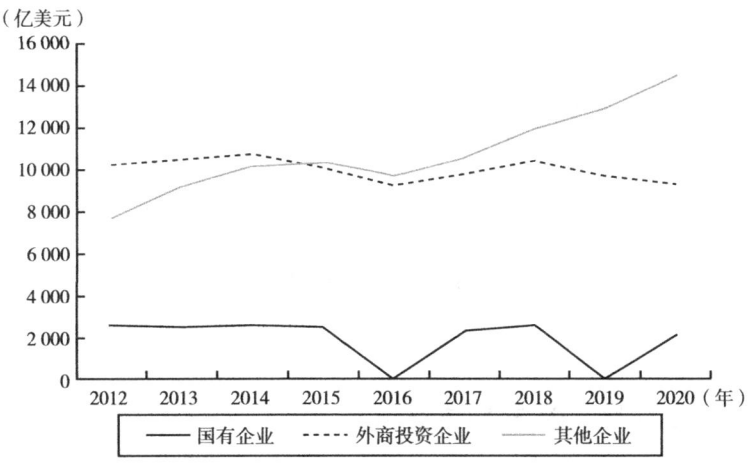

图 3-15　2012~2020 年不同性质企业的出口额

57

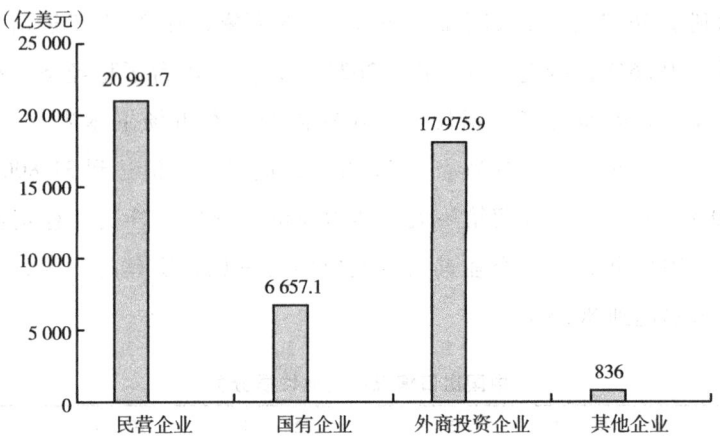

图 3-16 2020 年各性质企业进出口额

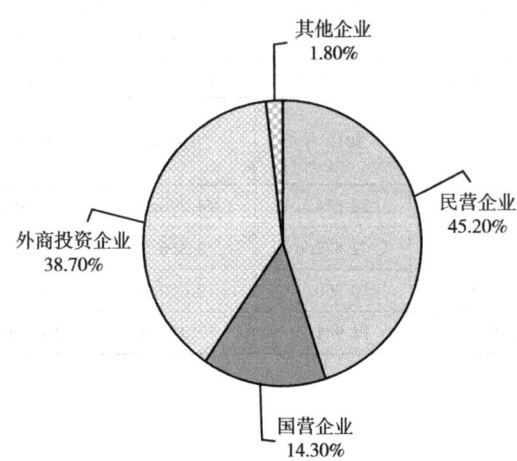

图 3-17 2020 年各性质企业进出口额占比

数据来源:《中华人民共和国 2020 年国民经济和社会发展统计公报》。

第二节 中国 FDI 发展现状分析

一、中国利用 FDI 的整体情况

表 3-6 是 1983~2019 年我国外商直接投资额,可以看出随着改革开放的

不断深入,外商直接投资发展迅速。自1979年起至1984年,我国实际利用外资额为41.04亿美元,增长速度缓慢。1992年后,外商直接投资突破100亿美元。加入世贸组织以后,外商直接投资大幅增长。2002年实际利用外资额为550.11亿美元,成为全球第一大外商投资大国。2010年外商直接投资实际利用外资金额达到1 088.21亿美元,首次超过1 000亿美元的大关,外商直接投资的项目数达到27 406个。表中,2011年外商直接投资增长速度最快,为9.72%,这得益于我国经济快速增长、主动扩大开放以及营商环境的持续改善。2012年全球经济复苏乏力,中国吸收外商直接投资有所下降,增长为-3.07%,即便如此,2012年上半年,我国吸收外商直接投资就达到591亿美元,虽然较2011年上半年的608.9亿美元出现小幅回落,但仍旧是同一时期全球外商直接投资最多的国家和地区,显示出各国和地区投资者对中国经济的未来充满信心。2013年国家提出建设"丝绸之路经济带"和"21世纪海上丝绸之路",对持续扩大对外开放、积极引入外资产生了积极作用,2013年以后,外商投资规模总体上稳步提升,即使在2018年中美贸易摩擦的大背景下,我国的外商直接投资依然保持正向增长,一方面说明国内经济稳步向好发展的基本盘没有改变,另一方面也能够得知在全球经济受到冲击的情况下中国经济表现出足够的韧劲。2020年初新冠肺炎疫情暴发,并在较短时间内席卷全球,给原本就增长乏力的世界经济带来严峻挑战,世界经济发展前景不容乐观,2020年全球FDI大幅下降,在这种局面下中国的外商直接投资保持逆势增长,全年累计达到1 443.7亿美元,创历史新高。这样的伟大成就既与我国较早控制住新冠肺炎疫情蔓延势头,创造安全生产生活环境,及时恢复国内经济民生有关,同时还和2019年通过的新版《外商投资法》密切相关,其中的准入前国民待遇和负面清单管理制度彰显了政府在优化外资营商环境、创造公平竞争制度等方面的决心,见图3-18。

表3-6 1983~2019年外商直接投资项目数量和实际利用外资金额

年份	项目(个)	金额(亿美元)	年份	项目(个)	金额(亿美元)
1983	690	22.61	1986	1 551	76.28
1984	2 204	28.66	1987	2 289	84.52
1985	3 145	47.60	1988	6 063	102.26

续表

年份	项目（个）	金额（亿美元）	年份	项目（个）	金额（亿美元）
1989	5 909	100.60	2005	44 001	638.05
1990	7 371	102.89	2006	41 473	698.76
1991	13 086	115.54	2007	37 871	783.39
1992	48 858	192.03	2008	27 514	952.53
1993	83 595	389.60	2009	23 435	918.04
1994	47 646	432.13	2010	27 406	1 088.21
1995	37 184	481.33	2011	27 712	1 176.98
1996	24 673	548.05	2012	24 925	1 132.94
1997	21 138	644.08	2013	22 773	1 187.21
1998	19 850	585.57	2014	23 778	1 197.05
1999	17 022	526.59	2015	26 575	1 262.67
2000	22 347	593.56	2016	27 900	1 260.01
2001	26 140	496.72	2017	35 652	1 310.35
2002	35 171	550.11	2018	60 533	1 349.66
2003	41 081	561.40	2019	40 888	1 381.35
2004	43 664	640.72			

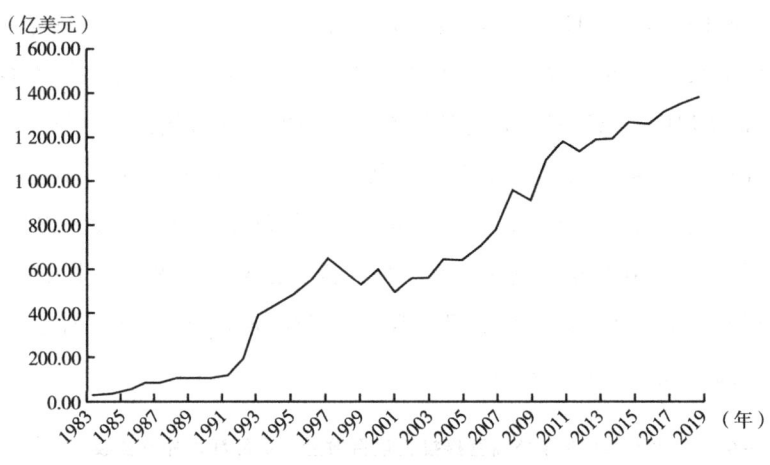

图 3-18 我国外商直接投资额变化趋势

资料来源：国家统计局《2015 年中国统计年鉴》，中国统计出版社。

1994 年以后，我国外商直接投资出现较快的增长，其规模不断扩大。在世界主要吸引外资的国家之中，我国已位居前列。从总体的发展历程来看，我国外商直接投资发展大致分为五个阶段。

第一阶段为1978年至1985年。十一届三中全会后政府做出了一系列对外开放的重大战略部署。建立了厦门、深圳、汕头、珠海四个经济特区作为对外开放"窗口"，1979年，颁布了《中华人民共和国中外合资经营企业法》，奠定了中国对外开放的法律基础，我国吸引外商直接投资进入了起步阶段，1984年，又进一步开放了大连、秦皇岛等14个沿海城市，截至1985年底，我国实际使用外商投资金额为87.6亿美元。这一阶段吸收外商直接投资金额的规模较小，从投资的企业性质上看，大多是港澳台投资企业，从行业分布上看，还主要集中在旅游等相关服务业上，投资的地区主要是广东、福建等沿海地区。

第二阶段是1986年至1991年。1986年以后，我国相继颁布了包括《国务院关于鼓励外商投资的规定》《中华人民共和国外资企业法》《中华人民共和国中外合作经营企业法》等一系列与外商直接投资相关的法律法规，初步形成了外商直接投资的法律法规体系。在开放的地域上，1985年批准设立国家级经济技术开发区，1988年把山东半岛、辽东半岛列为沿海经济开放区，设立海南经济特区，1990年开放了上海浦东。随着投资法律法规的不断健全，投资领域的放宽，在这一阶段，我国利用外资规模不断扩大，实际使用外资190亿美元，年均达到35亿美元，年均使用外资金额比第一阶段增加两倍。

第三阶段是1992年至2000年。这一阶段我国加大了内地开放力度，开放区域从沿海扩展到内地。进一步开放了哈尔滨等4个边境、沿海地区的省会城市，以及重庆等5个沿江城市和11个内陆省会城市。随着开放领域的进一步放宽，外商直接投资规模迅速扩大，实际利用外资规模超过前两阶段的总和。从投资的产业领域上看，投资产业呈现多元化特点，投资领域进一步扩展到能源、通信设施等产业。这一阶段，我国外商直接投资实际利用额达到3 233亿美元，年均利用金额约为第二阶段的10倍。

第四阶段是2001年至2018年。加入WTO以来，我国利用外资不管从数量上看还是从质量上看都有所进步，外资企业逐步扩大了对服务领域的投资。外资正在全方位的渗透到我国经济的各方面，增加了参与国民经济的深度和广度。这一阶段，我国实际利用外商直接投资额为11 649亿美元，年均利用外资金额达到832亿美元。

第五阶段：2019年至今，我国利用外资开始迈进制度型开放的新阶段。《外商投资法》确立了外商投资促进制度、外商投资保护制度和外商投资管理制度，明确了外商投资实行准入前国民待遇和负面清单管理制度，加强了对外商投资企业的产权保护，规定不得利用行政手段强制要求外商技术转让。该法已于2020年1月1日生效实施，是我国历史上第一部全面系统的外资立法，标志着我国迈进了制度型开放的新阶段，对扩大对外开放和促进外商投资具有里程碑式的意义。

二、中国利用 FDI 的地区分布

改革开放以来，虽然我国利用外商直接投资取得了巨大的成就，但是仍然面临着一系列的问题，包括外商直接投资的地区分布不平衡带来的地区收入差距的扩大等问题。

我国在对外开放吸引外资的过程中，采取首先开放东部沿海地区，再逐步开放中西部地区的政策，基于东、中、西部及东北地区不同的区域位置、人才结构、产业基础、市场状况、资源状况、经济发展水平等因素差异，致使 FDI 投资国将 FDI 投资方向主要集中在东部沿海地区。虽然近年来，我国政府制定了一系列促进中西部地区吸引外资的优惠政策，外商直接投资呈现向内陆区域转移和辐射的趋势，但仍未改变 FDI 在我国区域分布差异明显的现实。

从图 3-19 可以看出东部地区和中部地区吸收的外商直接投资额在四个地区中始终保持在前两名的位置，西部地区和东北地区的排名则交替上升，总体呈现自东往西阶梯状递减的分布格局。东部地区一枝独秀，吸收外商直接投资所占比重最大，年均超过 50%，远远高于其他三个地区，2015 年占比最高，为 59.96%，占比最低的年份为 2019 年的 51.85%，整体波动幅度不大。东部地区经济区位优势明显，依靠强劲的经济实力吸引来自海外的投资，充分发挥着巨大的市场潜力。作为我国改革开放以来最早与国际社会对接的地区，国家先后在东部地区设立了经济特区、沿海开放城市、沿海经济开放区，得益于政策的东风，东部地区成为吸收外商直接投资最多的地区。但是东部地区的增长趋势自 2015 年开始出现缓慢下降，可能与外商直接投资在区域间的转移有关。

随着中部崛起战略的实施，中部 6 省迎来了发展良机，10 年间中部地区外商直接投资占比稳步提高,由2010年的14.86%增加至2019年的36.29%,表现出强劲的增长势头,也是四个地区中唯一一个比重保持连续增长的区域,与东部地区间的差距也在逐年缩小,把西部地区和东北地区甩在了身后,表现出了较强的竞争力。西部地区的外商直接投资额所占比重相较于东中部地区总体偏低,其中吸收FDI占比最多的年份出现在2011年(13.96%),吸收FDI占比最少的年份为2019年(2.27%),10年间在四个地区中的占比呈现波动下降的态势。东北地区所占比重在2010年和2012~2014年时间段内排名第三位,其余年份被西部地区反超,降至第四位,转折点出现在2016年,自该年起出现连续下滑,与东中部地区的差距进一步扩大,主要是前期营商环境恶化持续累积带来的结果。2019年东北地区的FDI占全国比重仅为4.59%,为10年间最低水平,在四个地区中表现最差,东北地区作为我国重要的老工业基地,推动新旧动能转换是破解当前经济困局的重要举措,此外,东北亚经济圈的优势未能得到充分发挥,也是外商直接投资额不高的重要原因。

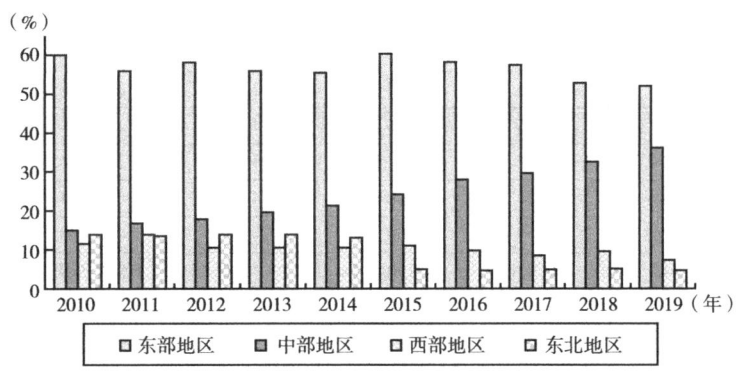

图3-19 各区域外商直接投资比重

数据来源:根据中国统计年鉴数据整理绘制所得。

三、中国利用FDI的产业分布

根据中国统计年鉴的数据计算三次产业利用外资金额占比可以看出外商在第一产业的投资占比持续走低,2019年仅占0.41%。外商在第二产业的投资比重从2001~2008年出现小范围波动,2008年起持续下降,2018年稍有增加但2019年再次下降,整体来看呈现下降趋势。外商在第三产业的投资比重在2001~2008年存在波动,2008年起持续增加,2018年有所减少但2019年再次增加,整体来看呈现增长趋势。通过表3-7中的数据可以看到,2019年我国第一产业实际利用外资56 183万美元,第二产业利用外资4 230 015万美元,第三产业9 527 264万美元,与2018年相比,增长率依次为-29.9%、-12.4%、20.0%。第一产业实际使用金额的年均增速为-1.02%,第二产业实际使用金额年均增速为2.01%,第三产业实际使用金额年均增速为13.06%。综上所述,我国第二产业和第三产业利用外资比重表现为此消彼长的走向,并且两者占比较大,第三产业占比不断增加,第一产业利用外资情况呈现持续走低的趋势。由此可以看出,外商投资的产业结构也在不断升级,以第二、第三产业为主,支柱产业逐渐由第二产业转移至第三产业。

表3-7 外商投资的产业分布

年份	第一产业		第二产业		第三产业	
	外商投资（万美元）	占比（%）	外商投资（万美元）	占比（%）	外商投资（万美元）	占比（%）
2001	67 594	1.66	2 957 499	72.64	1 046 388	25.70
2002	102 764	1.95	3 946 489	74.83	1 225 033	23.23
2003	100 084	1.87	3 917 919	73.23	1 332 464	24.90
2004	111 434	1.84	4 546 306	74.98	1 405 258	23.18
2005	71 826	1.19	4 469 243	74.09	1 491 030	24.72
2006	59 945	0.95	4 250 660	67.46	1 990 749	31.59
2007	92 407	1.24	4 286 105	57.33	3 098 233	41.44
2008	119 102	1.29	5 325 624	57.64	3 794 812	41.07
2009	142 873	1.59	5 007 582	55.62	3 852 816	42.79
2010	191 195	1.81	5 386 037	50.94	4 996 292	47.25
2011	200 888	1.73	5 574 870	48.05	5 825 342	50.21
2012	206 220	1.85	5 245 768	46.96	5 719 626	51.20
2013	180 003	1.53	4 956 886	42.16	6 621 731	56.31
2014	152 227	1.27	4 394 333	36.75	7 409 596	61.97
2015	153 386	1.21	4 359 480	34.53	8 113 794	64.26
2016	189 770	1.51	4 021 285	31.91	8 389 087	66.58
2017	107 492	0.82	4 094 889	31.25	8 901 132	67.93
2018	80 131	0.59	4 831 461	35.80	8 584 997	63.61
2019	56 183	0.41	4 230 015	30.62	9 527 264	68.97

数据来源：中华人民共和国商务部。

为了更直观地了解外商直接投资在产业结构中的分布,将表3-7中的数据绘制成图3-20、图3-21。

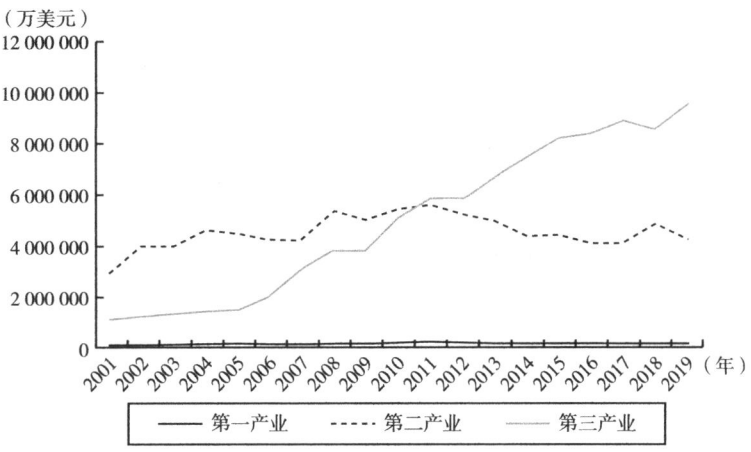

图3-20 三大产业实际利用外资金额变化趋势

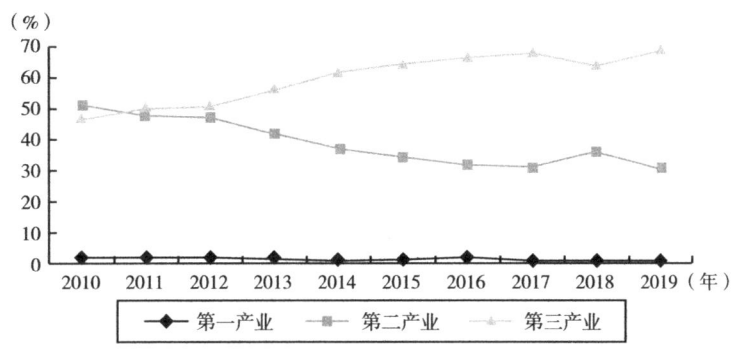

图3-21 外商直接投资在三大产业中的占比变化

数据来源:中华人民共和国商务部。

从行业门类来看,制造业、房地产业、租赁和商务服务业、批发和零售业以及金融业是吸收外商直接投资最多的五个行业,其中制造业从2010~2019年外商直接投资累计42 113 713万美元,在所有行业中排名第一位,占比34.322%。从2019年的数据来看,外商直接投资主要集中在制造业、房地产业、租赁和商务服务业、信息传输软件和信息技术服务业、批发零售业、金融业、科学研究和技术服务业。说明作为国民经济支柱产业的制造业,更加受到外资的青睐，外商直接投资产生的影响可能在制造业中表现更加明显。由于外资的流入很可能会带来技术溢出效应，因此，应当充分发挥外资在推动科技进步等方面的作用，为制造业做大做强提供支持。由于制造业相比其他行业消耗了更多的资源和能源，对自然环境的改造程度更大，在污染物产生和排放等方面也可能多于其他行业，在外资涌入促进制造业发展的同时，也应该加强环境监管，提高生态保护意识。见表3-8。

表3-8　各行业2010~2019年外商直接投资累计额及占比

产业/行业	累计外商直接投资（万美元）	行业占比
第一产业	1 517 495	1.237%
农、林、牧、渔业	1 517 495	1.237%
第二产业	47 095 024	38.382%
采矿业	805 491	0.656%
制造业	42 113 713	34.322%
电力、燃气及水的生产和供应业	2 638 036	2.150%
建筑业	1 537 784	1.253%
第三产业	74 088 861	60.381%
交通运输、仓储和邮政业	5 126 150	4.178%
信息传输、计算机服务和软件业	5 663 680	4.616%
批发和零售业	8 670 071	7.066%
住宿和餐饮业	3 146 325	2.564%
金融业	6 068 005	4.945%
房地产业	24 986 112	20.363%
租赁和商务服务业	13 043 862	10.631%
科学研究、技术服务和地质勘查业	4 939 946	4.026%
水利、环境和公共设施管理业	665 343	0.542%
居民服务和其他服务业	935 858	0.763%
教育	58 315	0.048%
卫生、社会保障和社会福利业	165 019	0.134%
文化、体育和娱乐业	615 934	0.502%
公共管理和社会组织	4 241	0.003%

资料来源：中经网统计数据库 https：//db.cei.cn/jsps/Home。

第三节 我国收入差距现状分析

改革开放以来，我国经济保持着高速增长，GDP总量排名不断上升，到2011年成为了世界第二大经济体，同时，居民收入得到了大幅度提高。1978年我国农村居民家庭人均纯收入和城镇居民家庭人均可支配收入分别为133.6元、343.4元，从图3-22可以看出，1980~2021年城镇居民可支配收入与农村居民可支配收入呈现上升趋势，但二者的差距却在不断拉大，我们将收入差距具体分为全国整体收入差距、城乡收入差距、地区收入差距和行业收入差距四个方面来分析。见表3-9。

表3-9　　1980~2021年城镇居民与农村居民可支配收入情况

年份	城镇居民人均可支配收入（元）	农村居民人均纯收入（元）	比值	年份	城镇居民人均可支配收入（元）	农村居民人均纯收入（元）	比值
1980	478	191	2.5	2005	10 382	3 370	3.08
1985	739	398	1.86	2006	11 620	3 731	3.11
1990	1 510	686	2.2	2007	13 603	4 327	3.14
1991	1 701	709	2.4	2008	15 549	4 999	3.11
1992	2 027	784	2.59	2009	16 901	5 435	3.11
1993	2 577	922	2.8	2010	18 779	6 272	2.99
1994	3 496	1 221	2.86	2011	21 427	7 394	2.9
1995	4 283	1 578	2.71	2012	24 127	8 389	2.88
1996	4 839	1 926	2.51	2013	26 467	9 430	2.81
1997	5 160	2 090	2.47	2014	28 844	10 489	2.75
1998	5 418	2 171	2.5	2015	31 195	11 422	2.73
1999	5 839	2 229	2.62	2016	33 616	12 363	2.72
2000	6 256	2 282	2.74	2017	36 396	13 432	2.71
2001	6 824	2 407	2.84	2018	39 251	14 617	2.69
2002	7 652	2 529	3.03	2019	42 359	16 021	2.64
2003	8 406	2 690	3.12	2020	43 834	17 131	2.56
2004	9 335	3 027	3.08	2021	47 412	18 931	2.5

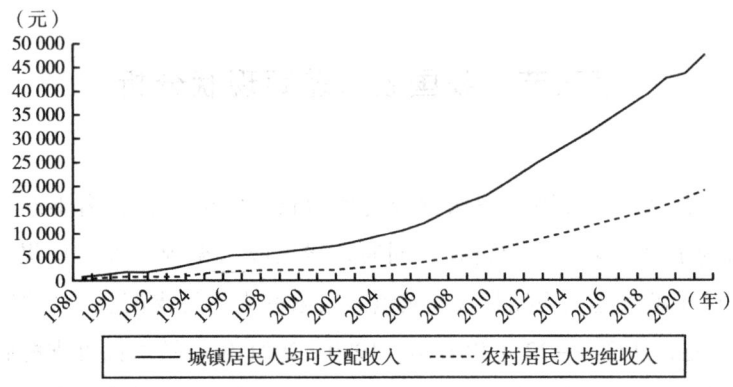

图 3-22 1980~2021 年居民可支配收入变化趋势

一、我国收入基尼系数处于较高水平

按照国际惯例，用基尼系数来判定收入分配的公平程度，用来综合考察居民内部收入分配差异状况，基尼系数处于 0.3 以下，表明收入差距小；通常把 0.4 作为收入分配差距的警戒线。另外，按照联合国有关组织的规定，基尼系数一般情况下处于 0 到 1 之间，0.4 为收入差距扩大的国际警戒线，0.5 以上表示收入差距大，进一步扩大则有可能引发社会不稳定。

从图 3-23 可以看出，我国收入基尼系数自 20 世纪 90 年代以来，以每年约 0.1 个百分点的增速在不断扩大，1990 年至 1992 年保持在 0.4 以下，自 1993 年起至 2014 年，我国收入基尼系数震荡在 0.4 至 0.5 区间，此区间已表明收入差距进入警戒区间，2008 年我国的基尼系数高达 0.491，自 2009 年开始基尼系数逐年回落，至 2014 年我国收入基尼系数为 0.469。这是基尼系数自 2009 年来连续第六年下降，表明中国收入分配差距在逐步缩小，但从绝对值来看，我国的收入基尼系数仍处于较高水平。从 2014 年至 2021 年，基尼系数稳定在 0.46~0.47 之间，处于较高水平。

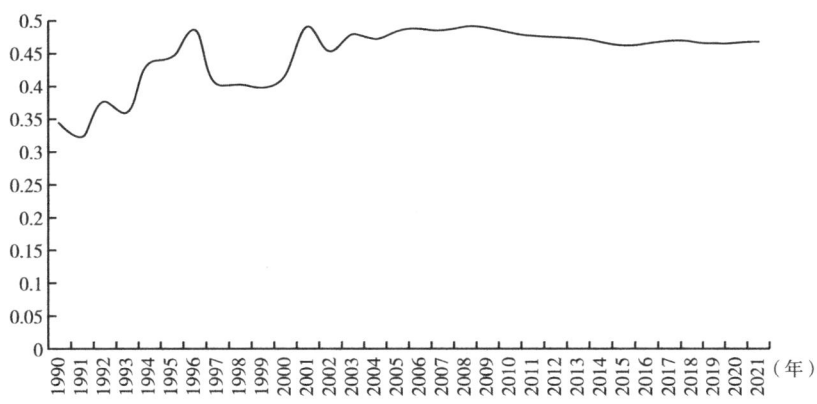

图 3-23 中国收入基尼系数变化趋势（1990~2021 年）

资料来源：中国统计局网站 http：//www.stats.gov.cn/sj/。

二、城乡居民收入差距扩大

恩格尔系数（Engel's Coefficient）是食品支出总额占个人消费支出总额的比重。19 世纪中期，恩格尔对比利时不同收入的家庭消费情况进行了抽样调查，研究收入增加对消费需求支出构成的影响，提出了著名的恩格尔定律。此定律表明一个家庭收入越少，用于购买生存性的食物的支出在家庭收入中所占的比重就越大。对一个国家而言，一个国家越穷，每个国民的平均支出中，用来购买食物的费用所占比例就越大。恩格尔系数是衡量一个家庭或一个国家富裕程度的主要标准之一。一般来说，在其他条件相同的情况下，恩格尔系数较高，作为家庭来说则表明收入较低，作为国家来说则表明该国较为贫穷。反之，恩格尔系数较低，作为家庭来说则表明收入较高，作为国家来说则表明该国较富裕。

恩格尔系数达 59% 以上为贫困，50%~59% 为温饱，40%~50% 为小康，30%~40% 为富裕，低于 30% 为最富裕。我国城乡居民在 1998 年至 2021 年的恩格尔系数如表 3-10 所示，城镇居民从 1990 年开始实现了温饱，并于 1996 年达到小康水平，至 2000 年踏上致富之路；农村居民在 1990 年实现温饱状态，2000 年迈上小康台阶，至 2012 年基本实现致富。

从表 3-10 看出,1990 年至 1992 年,城镇居民和农村居民的恩格尔系数处于 50% 至 59%,城镇居民恩格尔系数较农村居民低 4 个百分点。1992 年至 2006 年,城镇居民作为先富起来那部分人,与农村居民收入拉开了距离,城镇居民恩格尔系数较农村居民低 8 至 10 个百分点;1996 年中国城镇居民恩格尔系数首次低于 50%,为 48.8%。而这一系数首次低于 40% 则发生在 2000 年,当年的数字是 39.4%;2008 年至 2013 年,随着我国开放程度的不断提高、科技进步等带动了我国经济的长足发展,农村地区发展步伐也相应加快,农村居民逐步实现了小康并且走向富裕,城乡收入差距有缩小趋势,2017 年城镇居民恩格尔系数为 28.6%,首次打破 30%。2019 年全国居民恩格尔系数为 28.2%,比上年下降 0.2 个百分点,连续 8 年下降;受新冠肺炎疫情影响,2020 年全国居民恩格尔系数为 30.2%,比上年上升 2.0 个百分点。城镇居民恩格尔系数较农村居民低 2 个至 4 个百分点。2021 年全国居民恩格尔系数为 29.8%,比上年下降 0.4 个百分点。从 2012~2021 年的 10 年间我国恩格尔系数下降了 3.2 个百分点,这标志着中国居民生活水平得到了显著提高。见图 3-24。

表 3-10　　　我国城乡居民恩格尔系数表（1998~2021 年）　　　单位:%

年份	城镇居民	农村居民	年份	城镇居民	农村居民
1998	44.2	53.2	2010	31.9	37.9
1999	41.3	52	2011	32.3	37.1
2000	38.6	48.3	2012	32	35.9
2001	37	46.7	2013	30.1	34.1
2002	36.4	44.9	2014	30	33.6
2003	35.5	43.9	2015	29.7	33
2004	35.8	45.3	2016	29.3	32.2
2005	34.7	43.3	2017	28.6	31.2
2006	33.3	40.7	2018	27.7	30.1
2007	36.3	40.5	2019	27.6	30
2008	33.6	40.9	2020	29.2	32.7
2009	32.9	38	2021	28.6	32.7

资料来源：中国统计局网站 http://www.stats.gov.cn/tjsj/ndsj/。

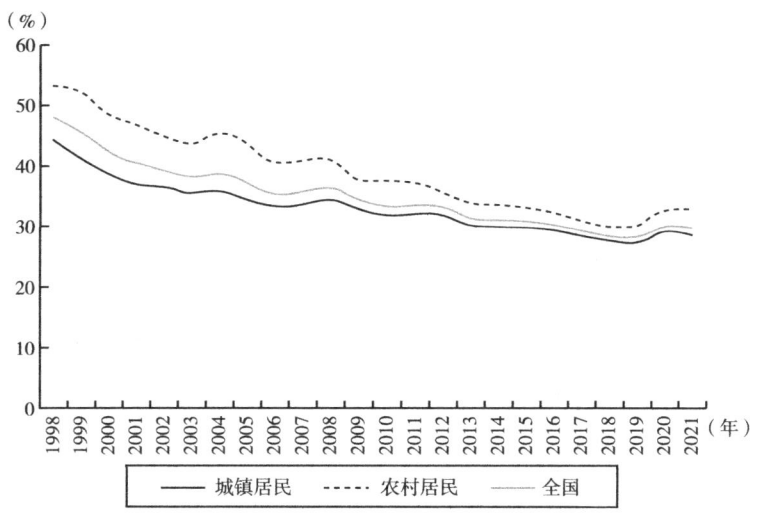

图 3-24 1998~2022 年恩格尔系数变化趋势

表 3-11 显示了我国 1980~2021 年城乡居民收入情况,可以看出,自 1980 年以来,我国城乡居民收入获得了迅速的提升。1980 年我国城镇居民收入 477.60 元,2013 年我国城镇居民收入增加至 26 955.10 元,是 1980 年的约 56 倍,农村居民人均纯收入从 1980 年的 191.30 元增至 2013 年的 8 895.91 元,是 1980 年的约 46 倍。我国城镇及农村居民的人均年收入在不断增加,但也伴随着城乡间收入差距的扩大。从绝对值上看,1980 年,城乡人均收入差距为 286.30 元,至 1992 年,城乡人均收入差距突破千元达到 1 242.6 元,2008 年城乡收入差距首次突破万元,达到 11 020.18 元,截至 2013 年,城乡人均收入绝对差距为 18 059.19 元。党的十八大以来,中国居民消费水平持续提高,消费能力不断增强。2021 年中国居民人均消费支出 24 100 元(人民币,下同),比 2012 年的 12 054 元增加 12 046 元,人均消费支出累计名义增长 99.9%,年均名义增长 8.0%,扣除价格因素,累计实际增长 67.4%,年均实际增长 5.9%。

分城乡看,2021 年中国城镇居民人均消费支出 30 307 元,比 2012 年累计名义增长 77.2%,年均名义增长 6.6%,扣除价格因素,累计实际增长 47.9%,年均实际增长 4.4%;农村居民人均消费支出 15 916 元,比 2012 年累计名义增长 138.7%,年均名义增长 10.2%,扣除价格因素,累计实际增长 99.7%,年均实际增长 8.0%。随着中国居民收入水平提高和消费领域不断拓展,居民消费结构持续优化升级,服务性消费支出占比逐步提高,发展型和享受型消费日益提升。

2021年中国居民人均教育文化娱乐支出2 599元,比2012年增长106.0%,年均增长8.4%,快于全国居民人均消费支出年均增速0.4个百分点,占人均消费支出的比重为10.8%,比2012年上升0.3个百分点。

2021年中国居民人均医疗保健支出2 115元,比2012年增长152.3%,年均增长10.8%,快于全国居民人均消费支出年均增速2.8个百分点,占人均消费支出的比重为8.8%,比2012年上升1.8个百分点。2021年中国居民人均服务性消费支出占人均消费支出的比重为44.2%,比2013年提高4.5个百分点,如图3-25所示。

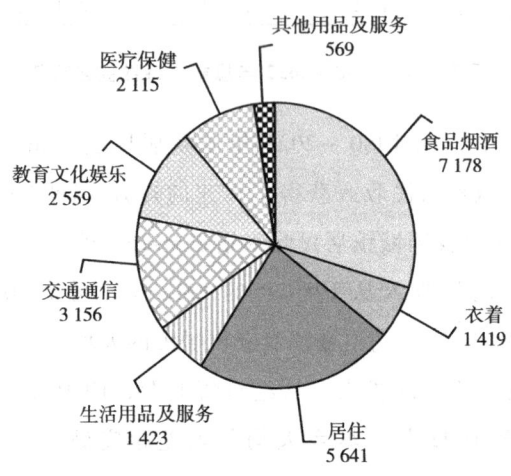

图3-25 2021年中国居民消费支出及构成(单位:元)

表3-11 我国城乡居民收入情况表(1980~2021年)   单位:元

年份	城镇居民人均可支配收入	农村居民人均纯收入	比值	年份	城镇居民人均可支配收入	农村居民人均纯收入	比值
1980	478	191	2.5	1992	2 027	784	2.59
1985	739	398	1.86	1993	2 577	922	2.8
1990	1 510	686	2.2	1994	3 496	1 221	2.86
1991	1 701	709	2.4	1995	4 283	1 578	2.71

续表

年份	城镇居民人均可支配收入	农村居民人均纯收入	比值	年份	城镇居民人均可支配收入	农村居民人均纯收入	比值
1996	4 839	1 926	2.51	2009	16 901	5 435	3.11
1997	5 160	2 090	2.47	2010	18 779	6 272	2.99
1998	5 418	2 171	2.5	2011	21 427	7 394	2.9
1999	5 839	2 229	2.62	2012	24 127	8 389	2.88
2000	6 256	2 282	2.74	2013	26 467	9 430	2.81
2001	6 824	2 407	2.84	2014	28 844	10 489	2.75
2002	7 652	2 529	3.03	2015	31 195	11 422	2.73
2003	8 406	2 690	3.12	2016	33 616	12 363	2.72
2004	9 335	3 027	3.08	2017	36 396	13 432	2.71
2005	10 382	3 370	3.08	2018	39 251	14 617	2.69
2006	11 620	3 731	3.11	2019	42 359	16 021	2.64
2007	13 603	4 327	3.14	2020	43 834	17 131	2.56
2008	15 549	4 999	3.11	2021	47 412	18 931	2.5

资料来源：国家统计局 https://data.stats.gov.cn/。

从城乡收入差距的相对规模上看（见图3-26），我国城乡居民人均收入差距呈现出阶段性的变化。1980年城镇居民人均可支配收入与农村居民人均纯收入之比为2.50，从1980~1985年，这一比例呈现下降趋势，1985年该比例缩小到1.86倍；1985年起，基于城市经济体制改革的影响，城乡收入差距开始拉大，扭转了之前的缩小趋势，且在1994年之前一直保持扩大的态势。到1994年城乡居民收入比扩大为2.86∶1。1995~1997年再次出现转折，有所下降，1998年之后，除个别年份外，差距继续扩大。尽管城乡差距有升有降，但总体还是呈上升趋势的。2007年和2009年城乡人均收入比最高达到3.33，到2013年该比例为3.03∶1。而世界上大多国家的城乡收入之比仅为1.5∶1，说明我国相对于世界多数国家而言，城乡收入差距还是较大的。随着脱贫攻坚各项政策和乡村振兴战略的纵深推进，农村居民人均可支配收入增速持续快于城镇居民。从2012年后的10年来看，城乡居民收入持续上升，2021年城镇居民人均可支配收入47 412元，比2012年增长96.5%；农村居民人均可支配收入18 931元，比2012年增长125.7%。2013年至2021年，农村居民年均收入增速比城镇居民快1.7个百分点。近10年来城乡收入比也在不断下降,这标志着我国城乡居民收入相对差距持续缩小。

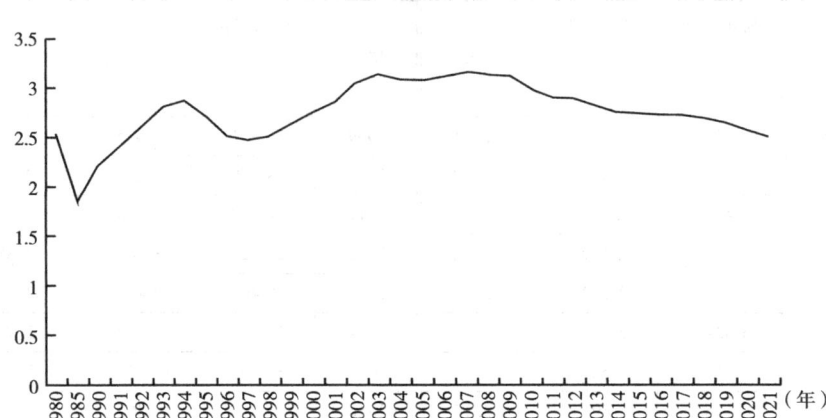

图 3-26 我国城乡收入比值情况

资料来源:国家统计局《2022 年中国统计年鉴》,中国统计出版社。

三、地区收入差距较大

党的十八大以来,东部、中部、西部、东北地区人均 GDP 年均增速分别为 72%、82%、85% 和 6.1%,中西部地区发展速度已经领先于东部地区。从人均地区生产总值看,各区域经济发展的相对差距有所缩小。2017 年,东部、中部、西部、东北地区人均地区生产总值分别为 84 595 元、48 747 元、45 522 元和 50 890 元,人均最高的东部和最低的西部之间的相对差值,由 2003 年的 2.5 倍缩小到 1.9 倍。2012~2017 年,按不变价格计算,东部、中部、西部、东北地区人均地区生产总值年均增速分别为 7.2%、8.0%、8.2% 和 5.4%,中西部地区的发展速度领先于东部地区,改变了长期以来区域经济发展中东部地区"唱主角"的传统格局。近年来,我国区域协调发展取得历史性成就、发生历史性变革。东部与中西部人均地区生产总值比分别从 2012 年的 1.69、1.87 分别下降至 2021 年的 1.53、1.68,东西差距持续缩小,区域发展的协调性逐步增强。①

---

① 人民网:https://baijiahao.baidu.com/s? id=1694624933193838813&wfr=spider&for=pc。

随着区域发展总体战略的深入实施,中西部地区居民收入增速明显快于其他地区。2021年,东部、中部、西部和东北地区居民人均可支配收入分别为44 980元、29 650元、27 798元和30 518元,与2012年相比,分别累计增长110.1%、116.2%、123.5%和89.5%,年均增长8.6%、8.9%、9.3%和7.4%,西部地区居民收入年均增速最快,中部地区次之。西部地区居民收入年均增速分别快于东部、中部和东北地区0.7、0.4和1.9个百分点。东部、中部和东北地区与西部地区居民人均收入之比(以西部地区居民收入为1)从2012年1.72、1.10和1.30分别缩小至2021年的1.62、1.07和1.10。

农村居民人均纯收入从2000年以来增长迅速,从全国各地区来看,东部地区、东北地区、中部地区、西部地区呈现阶梯形增长。2004年以前除中部地区外其他地区差距不大,随着我国经济地区发展不平衡,东、中、西部及东北地区之间差距越来越大,至2013年,东部地区农村居民纯收入已远远超过了西部地区,约为西部地区的1.8倍。2019年我国东部地区农村居民人均可支配收入为19 989元,东北地区农村居民人均可支配收入为15 357元,中部地区农村居民人均可支配收入为15 291元,西部地区农村居民人均可支配收入为13 035元。见表3-12和图3-27。

表3-12　　　　　　　各地区农村居民人均可支配收入　　　　　　单位:元

	2013	2014	2015	2016	2017	2018	2019
东部地区	11 857	13 145	14 297	15 498	16 822	18 286	19 989
中部地区	8 983	10 011	10 919	11 794	12 806	13 954	15 291
西部地区	7 437	8 295	9 093	9 918	10 829	11 831	13 035
东北地区	9 762	10 802	11 490	12 275	13 116	14 080	15 357

城镇居民可支配收入方面,东部地区与中、西部及东北部地区差距较大,但中西部及东北地区基本一致。2013年,东部地区城镇居民可支配收入约为其他地区的1.4倍。因此,就城镇居民可支配收入方面,东部地区与其他地区收入差距客观存在。从表3-13及图3-28可知,从2013年至2019年,各地区城镇居民可支配收入持续稳定增长,2019年东部地区是中部地区收入的1.37倍,收入水平依然远高于其他地区收入水平,收入差距依然明显。

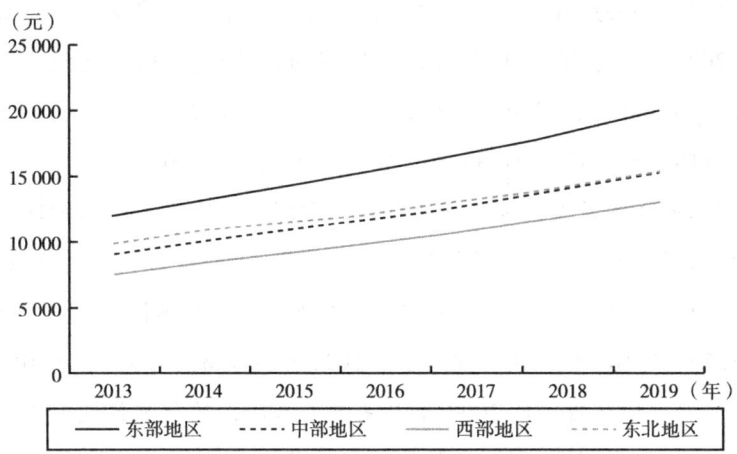

图 3-27 2013~2019 年各地区农村居民人均可支配收入

表 3-13　　　　　2013~2019 年各地区城镇居民可支配收入　　　　单位：元

	2013	2014	2015	2016	2017	2018	2019
东部	31 152.4	33 905.4	36 691.3	39 651	42 989.8	46 432.6	50 145.4
中部	22 664.7	24 733.3	26 809.6	28 879.3	31 293.8	33 803.2	36 607.5
西部	22 362.8	24 390.6	26 473.1	28 609.7	30 986.9	33 388.6	36 040.6
东北部	23 507.2	25 578.9	27 399.6	29 045.1	30 959.5	32 993.7	35 130.3

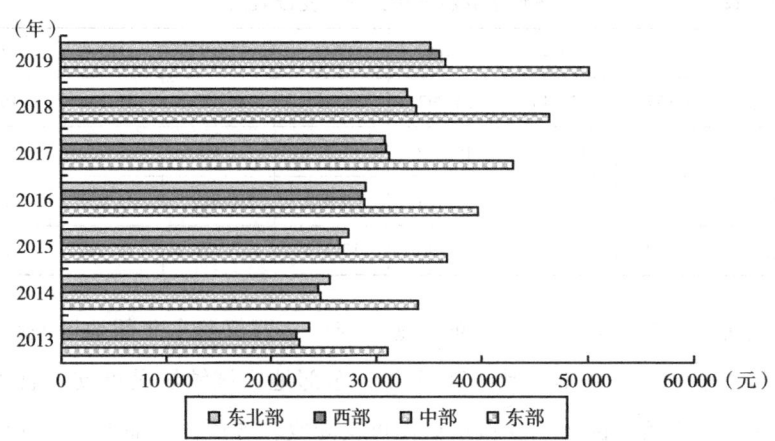

图 3-28 2013~2019 年各地区城镇居民可支配收入

数据来源：《中国统计年鉴摘要 2020》。

四、行业收入差距扩大

改革开放后，随着市场经济的不断发展，我国传统计划经济条件下的分配制度被打破，不同行业就业人员的平均工资差距也开始逐渐扩大。目前虽然各行业员工工资都有所提高，但提高程度的差异导致行业间收入差距的进一步扩大。行业收入差距的扩大将影响我国建设和谐社会的进程，因此，行业收入差距扩大已经引起了社会、政府的高度关注，缓解行业间收入差距的扩大已经成为当今社会急需解决的重大问题。

为了正确地反映我国国民经济的行业结构及各行业的发展状况，便于研究国民经济各项比例的关系，我国将行业划分为：农、林、牧、渔业，住宿和餐饮业，水利、环境和公共设施管理业，居民服务、修理和其他服务业，建筑业，制造业，公共管理、社会保障和社会组织，批发和零售业，房地产业，教育，卫生和社会工作，交通运输、仓储和邮政业，文化、体育和娱乐业，采矿业，租赁和商务服务业，电力、热力、燃气及水生产，科学研究和技术服务业，信息传输、软件和信息技术，金融业。

改革开放以来，我国职工工资最低的行业基本上为农、林、牧、渔业，社会服务业，商业；工资最高的行业 1993 年以前集中在建筑业，电力、热力、燃气及水生产等；1993 年后金融业，房地产，科学研究和技术服务业的职工平均工资开始占据前几名，但电力、燃气和水生产行业的职工工资仍较高，2003 年以后稳居职工平均工资前三名的是交通运输、仓储及邮政业，金融业、科学研究和技术服务业。2003 年以后人力资本密集的行业如信息传输、软件和信息技术、科学研究和技术服务业等行业相继进入职工平均工资前几名。由此得出，我国行业间收入分配的总趋势是向资本密集型行业、技术密集型及新兴产业倾斜，某些垄断行业的收入更高，而传统的劳动密集、资本含量少、竞争充分的行业收入则相对较低。

1978 年，行业收入最高的电力、热力、燃气和水生产的职工平均工资为 850 元，行业收入最低的社会服务业的职工平均工资为 392 元，其最高与最低之比为 2.17 倍。1990 年行业收入最高的力、热力、燃气和水生产的职工平均工资为 2 656 元，最低的批发零售和餐饮业的职工平均工资为 1 818 元，其最高、最低之比为1.46倍。2000年行业收入最高的科学研究和技术服务业职工平均工资为13 620元是行业收入最低的农、林、牧、渔业（5 184元）的2.63倍，较之前几年差距有所增加。2013年，行业收入排名前三的分别是金融业，信息传输、软件和信息技术，科学研究和技术服务业，其就业人员的平均工资分别为99 653元、90 915元、76 602元；平均工资最低的三个行业分别是水利、环境和公共设施管理业，住宿和餐饮业，农、林、牧、渔业，其就业人员平均工资分别为36 123元、23 382元、34 044元。由此，我们得出最高与最低之比为3.86∶1。20世纪80年代，这一比例基本上保持在1.6到1.8倍左右。2019年全国城镇非私营单位就业人员年平均工资为90 501元。分行业门类看，年平均工资最高的三个行业分别是信息传输、软件和信息技术服务业161 352元，科学研究和技术服务业133 459元，金融业131 405元，分别为全国平均水平的1.78倍、1.47倍和1.45倍。年平均工资最低的三个行业分别是农、林、牧、渔业39 340元，住宿和餐饮业50 346元，居民服务、修理和其他服务业60 232元，分别为全国平均水平的43%、56%和67%。2019年全国城镇私营单位就业人员年平均工资为53 604元。分行业门类看，年平均工资最高的三个行业分别为信息传输、软件和信息技术服务业85 301元，金融业76 107元，科学研究和技术服务业67 642元，分别为全国平均水平的1.59倍、1.42倍和1.26倍。2019年平均工资最低的三个行业分别是农、林、牧、渔业37 760元，住宿和餐饮业42 424元，居民服务、修理和其他服务业43 926元，分别为全国平均水平的70%、79%和82%。

近些年从增长速度看，年平均工资增速最高的三个行业依次为金融业、采矿业和电力、热力、燃气及水生产和供应业，分别增长20.9%、12.7%和12.2%。增速最低的三个行业依次为农、林、牧、渔业，水利、环境和公共设施管理业以及房地产业，分别增长3.8%、4.8%和5.9%。

第四节　本章小结

随着我国改革开放政策的实施及我国参与全球化的程度不断提高，我国对外贸易、外商投资及居民收入状况获得了长足发展，但在增长的同时，我们更多地可以看到差距的出现。

无论是对外贸易、外商直接投资、还是收入水平，从区域、行业（产业）来看差异凸显。2018 年，货物进出口总额达到 4.6 万亿美元，比 1978 年增长 223 倍，连续两年居世界首位；服务进出口总额 7 919 亿美元，比 1982 年增长 168 倍，居世界第二位。党的十八大以来，我国坚定支持多边贸易体制，多边经贸关系和区域经济合作全面发展，共建"一带一路"效果显现。2018 年，我国自由贸易试验区达 12 个，贸易伙伴达 200 多个。2016~2018 年，我国与"一带一路"沿线国家和地区货物进出口增速持续高于同期货物贸易整体增速。

贸易结构不断优化，2018 年出口商品总额中初级产品比重下降到 5.4%，工业制成品比重上升到 94.6%。贸易方式经历了从一般贸易为主向加工贸易为主，再向一般贸易为主的转变。加工贸易比重从 1981 年的 6% 上升至 1998 年的 53.4%，2018 年又降至 27.4%；一般贸易比重从 1981 年的 93.5% 降至 2014 年的 53.8%，2018 年上升至 57.8%。

改革开放前我国利用外资渠道单一、规模很小。改革开放以来，我国市场准入不断放宽，投资环境持续优化，引进外资规模大幅增加。2018 年，我国实际使用外商直接投资（不含银行、证券、保险领域）1 350 亿美元，比 1983 年增长 146 倍，年均增长 15.3%，连续两年成为全球第二大外资流入国；1979~2018 年，累计吸引外商直接投资（不含银行、证券、保险领域）20 343 亿美元。其中党的十八大以来，我国加快推进高水平对外开放，全面落实准入前国民待遇加负面清单管理制度，引进外商直接投资领域不断拓展，服务业逐渐成为外商投资的新热点，2018 年服务业吸收外资占比达 68.1%。

改革开放以来，外贸迅速发展，带动企业逐步走出去。进入新世纪，我国企业对外投资步伐明显加快。2018 年，我国对外非金融类直接投资 1 205 亿美元，比 2003 年增长 41.3 倍，年均增长 28.4%。党的十八大以来，共建"一带一路"促进了设施联通和贸易畅通，2018 年我国对"一带一路"沿线 56 个国家和地区的非金融类直接投资为 156 亿美元，占对外非金融类直接投资总额的 13%。

当前区域发展差距明显小于新中国成立初期，同时也比 21 世纪初明显缩小。2018 年，全国各省（自治区、直辖市）中，人均地区生产总值最高地区与最低地区的比值为4.5，而1952年、2000年分别为8.1和10.8。党的十八大以来，中西部地区经济增长明显快于东部地区，区域发展协调性增强。2012~2018年，中部和西部地区人均地区生产总值分别年均增长8.2%和8.5%，东部和东北地区分别年均增长7.2%和6.1%。与此同时，京津冀协同发展、雄安新区、长江经济带、长三角一体化、粤港澳大湾区等一系列重大区域发展战略扎实推进，东西南北纵横联动发展的新格局正在形成。

第四章 对外贸易、FDI与收入差距的测度

一个国家参与经济全球化的程度可以用对外开放度来衡量，测度方式有很多种，基本可以归纳为两大类：一种通过描述一国的经济体制和政策（特别是贸易政策）的开放度来直接反映对外开放程度，其中包括国内市场相对于国际市场的价格扭曲程度（Dollars，1992），外汇的黑市交易费用（Levine & Renelt，1992）、平均关税税率和非关税壁垒覆盖率（Thomas et al. 1991）等指标。另一种是通过测度一国对外开放的结果来反向推测对外开放程度，包括贸易开放度、投资开放度和金融开放度（高振娟，2022），关于中国对外贸易开放度的测算，罗龙（1990）的提出用出口覆盖度、有形贸易关联度、劳务贸易关联度、部门间分工参与度、部门内分工参与度及资金关联度等6项指标来衡量；肖遥（2020）将对外开放度分解为对外直接投资、对外借款、进出口总额三个指标；罗汉等（2004）选取代表经济开放因素的贸易开放度、资本开放度和生产开放度这三个指标，并分别给予0.3、0.4和0.3的权重；王庆（2019）选取贸易开放度、实际关税率、金融开放度、投资开放度和生产开放度五个指标，利用因子分析法测算了我国的经济开放度。

基于本书的研究需要，为分析我国对外贸易和投资开放的时间趋势和省际、地区分布情况，本章对中国的贸易依存度和外资开放度分别进行测算，为分析收入差距状况，采用城乡收入比、收入结构数、基尼系数等指标对收入差距进行测算。

第一节 对外贸易开放度衡量指标——对外贸易依存度

贸易开放度最常用的测度指标是对外贸易依存度，对外贸易依存度等于一国对外贸易额与该国国内生产总值的比值。对外贸易依存度一方面可以衡量一

个国家或地区对外开放程度，反映对外贸易对该区域经济发展的作用；另一方面可以衡量一个国家或地区的经济发展对国际市场的依赖程度，反映其经济发展的安全性。计算公式为：外贸依存度＝对外贸易总额/国内生产总值×100%。

邓群钊（2020）分别用对外贸易依存度、价格差异、实际关税率以及外汇市场扭曲等指标测算了中国改革开放以来的贸易开放度，他们认为在现阶段外贸依存度能较好地描述中国贸易开放度对经济增长作用。本书参考学者前期研究方法采用对外贸易依存度来衡量我国对外贸易的开放程度。具体来说，一个地区外贸依存度较高，说明其对外贸易发展对经济发展的贡献较大，地区对外开放程度较高，这也就意味着该地区对国际的依赖程度较大，经济发展存在一定的风险，经济的可持续发展受到制约；反之，较低的外贸依存度则意味着较低的对外开放程度，说明该地区经济未充分融入经济全球化进程中，外贸发展对经济发展的推动作用优待进一步加强。我国对外贸易依存度情况如表4-1所示。

表4-1　　　　我国对外贸易依存度（1978~2020年）　　　　单位：%

年份	外贸依存度	年份	外贸依存度	年份	外贸依存度
1978	9.74	1993	31.97	2008	56.93
1979	11.19	1994	42.37	2009	44.27
1980	12.54	1995	39.29	2010	50.46
1981	15.04	1996	42.37	2011	50.45
1982	14.47	1997	34.55	2012	47.12
1983	14.37	1998	32.34	2013	45.60
1984	16.70	1999	33.79	2014	41.53
1985	22.86	2000	40.07	2015	36.45
1986	25.11	2001	39.03	2016	32.7
1987	25.59	2002	43.14	2017	33.9
1988	25.42	2003	52.22	2018	33.2
1989	24.45	2004	59.92	2019	31.8
1990	29.70	2005	63.68	2020	31.5
1991	33.11	2006	65.29		
1992	33.85	2007	62.63		

资料来源：国家统计局《2021年中国统计年鉴》，中国统计出版社。

从总体趋势来看，我国对外贸易开放度呈现总体上升，短期局部波动的态势。依据图 4-1 对外贸易依存度趋势可知，从 1978 年开始，我国对外贸易依存度呈明显的逐年递增的趋势，1978 年我国对外贸易依存度为 9.74%，至 2003 年对外贸易依存度超过 50%，2006 年达到最高为 65.3%，可见对外贸易依存度在近 30 年的时间内增长了 5 倍之余。其中，贸易开放度在 2000 年之后的走势更加陡峭，其中的一个重要原因是我国在 2001 年顺利加入了世贸组织，我国对外贸易开创了一个新的格局。受 2008 年全球经济危机的影响，我国对外贸易依存度出现了回落，由 2006 年的 67% 回落至 2011 年的 50.1%。但外贸在我国经济活动中的地位依然举足轻重，同时从回落态势来看，我国经济增长正由外需拉动向内需驱动转变。截至 2014 年，我国对外贸易依存度为 41.53%。尽管如此，通过对数据的梳理分析可知，我国对外贸易占我国国内生产总值的比重约 50%，表明对外贸易对经济增长的促进作用和地位是明显的。截至 2019 年，我国的对外贸易依存度为 31.8%，2020 年降至 31.5%。

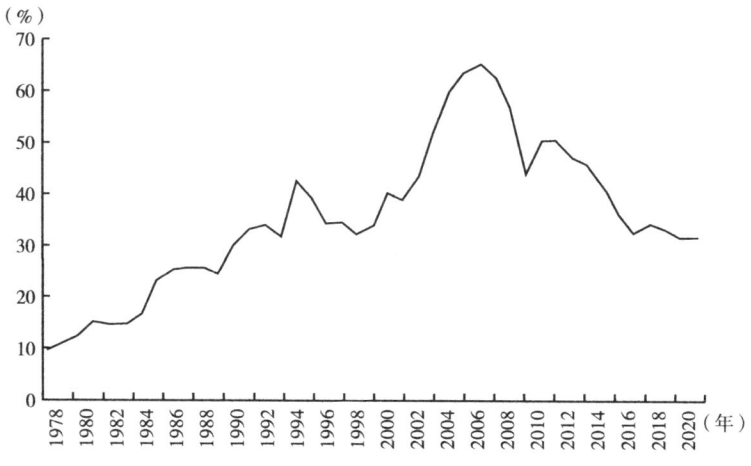

图 4-1　1978~2020 年对外贸易依存度

我国幅员辽阔，各地区受地理位置、经济环境、人文等因素制约经济发展程度具有较大差异，简单地将全国作为一个整体分析过于笼统。因此，本书通过收集 2001 年至 2020 年各省市的进出口贸易和国内生产总值数据，对各地区的对外贸易依存度进行测算。

根据计算结果东部地区的贸易开放程度要始终远高于中部、西部和东北地区，东北地区对外贸易依存度位居第二，中部和西部地区的贸易依存度差距较小。同时我国各省区市的贸易开放度也存在巨大的差异，东部地区基于历史、地理位置及政策支持的优势，贸易开放度远远高于其他地区，贸易在东部地区对经济增长的贡献亦远远高于其他地区，同时，从经验来看，东部地区人民收入及生活水平也高于其他地区。

本书为更清楚地了解进口与出口对城乡收入差距的影响如何，在模型设计中采用进口依存度和出口依存度的指标。计算公式：进口依存度 = 进口贸易总额/国内生产总值 × 100%，出口依存度 = 出口贸易总额/国内生产总值 × 100%。实证模型指标选择将在实证研究部分详述。

第二节 外资开放度测量指标——外资依存度

根据前期研究，学者们用于度量外资开放度的主要指标包括外资依存度、外资贸易率和外资率。外资依存度是指一国实际使用外商直接投资占本国国内生产总值的比重；外资贸易率即外商投资企业出口总额占一国外贸出口总额；外资率是一国实际利用外国直接投资占本国投资总额的比重。外资依存度是反映一个国家的对外投资活动对其经济水平的影响程度的指标，通常用对外直接投资和外商直接投资之和与 GDP 比例来表示，但由于长期以来我国对外直接投资相对于外商直接投资来说数额较小，在具体计算中可以忽略不计，故本书所指的外资依存度仅考虑外商直接投资与 GDP 的比例。

我国 1985 年至 2020 年间整体外资依存度计算结果如表 4 - 2 所示，经计算可知我国投资开放度呈现先增后减的总体趋势，1994 年出现峰值，达到 6.05%，尽管我国实际使用外商直接投资总额逐年递增，但外资依存度逐年递减，说明作为分子的我国实际使用外商直接投资额的增长相对于作为分母的我国国内生产总值的增长是缓慢的，实际使用外商直接投资的增长没有跑过我国国内生产总值 GDP 的增长。

表4-2　　　　　　我国整体外资依存度（1985~2020年）　　　　单位：%

年份	外资依存度	年份	外资依存度	年份	外资依存度
1985	0.64	1997	4.81	2009	1.81
1986	0.75	1998	4.53	2010	1.79
1987	0.71	1999	3.77	2011	1.6
1988	0.79	2000	3.44	2012	1.36
1989	0.75	2001	3.59	2013	1.29
1990	0.89	2002	3.67	2014	1.15
1991	1.06	2003	3.28	2015	1.22
1992	2.25	2004	3.15	2016	1.08
1993	4.5	2005	2.69	2017	1.02
1994	6.05	2006	2.33	2018	1.01
1995	5.24	2007	2.13	2019	0.96
1996	4.95	2008	2.03	2020	0.98

资料来源：国家统计局《2022年中国统计年鉴》中国统计出版社。

根据表4-2及图4-2可以看出，我国整体外资开放度变化趋势在20世纪90年代初期呈现急剧上升的态势，在1994年达到峰值之后逐步降低，2001年至2020年整体呈现明显下降趋势。

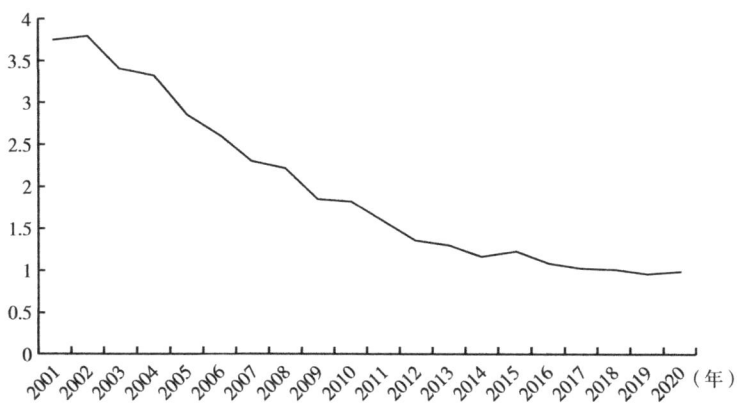

图4-2　我国外资依存度趋势

第三节 收入差距衡量指标

一、城乡收入差距测算指标——城乡收入比

城乡收入比是最直接反映城乡收入差距的指标，表明城镇居民人均收入与农村居民人均纯收入之间的倍数关系，其具体计算公式为：城乡收入比率＝城镇居民家庭人均可支配收入/农村居民家庭人均纯收入。本书测算了1980～2021年的城乡收入比，并将表中的数据绘制成城乡收入比长期趋势图（见图4-3和表3-9），根据图表情况可知我国城乡居民人均收入差距呈现出阶段性的变化。1978年城镇居民人均可支配收入与农村居民人均纯收入之比为2.50，从1978年至1985年，这一比例呈现下降趋势，1985年该比例缩小到1.86倍；1985年起，基于城市经济体制改革的影响，城乡收入差距开始拉大，扭转了之前的缩小趋势，且在1994年之前一直保持扩大的态势。到1994年城乡居民收入比扩大为2.86。1995～1997年再次出现转折，有所下降，1998年之后，除个别年份外，差距继续扩大。尽管城乡差距有升有降，但总体还是呈上升趋势的。2007年和2009年城乡人均收入比最高达到3.33，到2013年该比例为3.03∶1，2014年下降至2.75。而世界上大多国家的城乡收入之比仅为1.5∶1，说明我国相对于世界多数国家而言，城乡收入差距还是较大的。从图4-3中可以看出，2009年城乡收入比开始保持持续下降，2021年这一比值下降为2.5，这说明我国城乡差距依然明显，但差距在逐渐收窄。

我国幅员辽阔，各地区受地理位置、经济环境、人文等因素制约经济发展程度具有较大差异，简单地将全国作为一个整体分析过于笼统。因此，本书通过收集1991年至2021年各省区市城镇居民家庭人均可支配收入和农村居民家庭人均纯收入数据，加以计算各地区城乡收入差距收入比。本书参考中国统计局《2014年国民经济和社会发展统计公报》的划分方式，我国可分为东部、中部、西部和东北四大地区。东部地区是指北京、天津、河北、上海、江苏、浙江、福建、山东、广东和海南10省（市）；中部地区是指山西、安徽、江

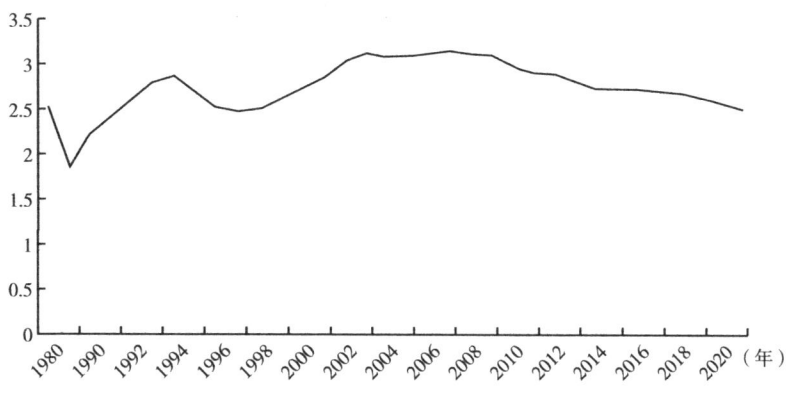

图 4-3 我国城乡收入比变化情况

西、河南、湖北和湖南 6 省;西部地区是指内蒙古、广西、重庆、四川、贵州、云南、西藏、陕西、甘肃、青海、宁夏和新疆 12 省(区、市);东北地区是指辽宁、吉林和黑龙江 3 省。

我国各地区城乡收入比如表 4-3 所示,从各地区城乡收入比均值来看,东部、中部、西部和东北地区城乡收入比自 1991 年起至 2013 年均呈现稳步上升趋势。从 1991 年各地区城乡收入比值来看,西部地区最高、中部次之,东北地区再次,东部地区最小。截至 2013 年,我国各地区城乡收入比排名由高到低为西部、中部、东部、东北地区,分别为 3.26、2.75、2.47 和 2.26。根据数据统计整理可知,西部地区大部分省区市的城乡收入较高,特别是贵州历年的城乡收入比均高出其他省份,云南、陕西、甘肃等省市的城乡收入次之,其城乡收入比除个别年份外均超过 3。2013 年城乡收入比最高值出现在贵州,为 3.8,城乡收入比最低值在黑龙江省,为 2.034,次低值为天津,城乡收入比为 2.038,就城乡收入比数值而言贵州省约为黑龙江省的 2 倍。从图 4-4 可以看出,各地区城乡收入比变化趋势大致相同,除西部地区外,其他地区从 1998 年至 2009 年呈现缓慢上升的趋势,从 2009 年至 2021 年,四大区域的这一比值皆出现持续下降的趋势,这与近年来我国整体收入差距逐渐收窄的结论是相符的。

表4-3　　　　我国各地区城乡收入比（1991~2021年）

年份	东部地区	中部地区	西部地区	东北地区
1991	1.92	2.56	2.59	1.89
1992	2.11	2.7	2.84	1.9
1993	2.35	2.89	3.11	2.03
1994	2.39	2.9	3.25	2.01
1995	2.27	2.74	3.21	1.99
1996	2.14	2.45	3.1	1.82
1997	2.73	3.26	3.82	2.5
1998	2.11	2.33	2.98	1.82
1999	2.22	2.46	3.38	2.02
2000	2.28	2.55	3.54	2.31
2001	2.37	2.66	3.71	2.36
2002	2.44	2.83	3.79	2.54
2003	2.53	3	3.83	2.63
2004	2.56	2.93	3.81	2.51
2005	2.57	2.99	3.76	2.57
2006	2.63	3.03	3.77	2.6
2007	2.64	3.04	3.78	2.58
2008	2.66	2.98	3.72	2.52
2009	2.68	3.02	3.72	2.57
2010	2.63	2.92	3.55	2.42
2011	2.53	2.84	3.41	2.3
2012	2.52	2.82	3.35	2.3
2013	2.47	2.75	3.26	2.26
2014	2.58	2.47	2.94	2.37
2015	2.57	2.46	2.91	2.38
2016	2.56	2.45	2.88	2.37
2017	2.56	2.44	2.86	2.36
2018	2.54	2.42	2.82	2.34
2019	2.51	2.39	2.76	2.29
2020	2.44	2.32	2.66	2.15
2021	2.39	2.28	2.60	2.09

资料来源：中经网统计数据库数据 http：//db.cei.gov.cn/page/Login.aspx。

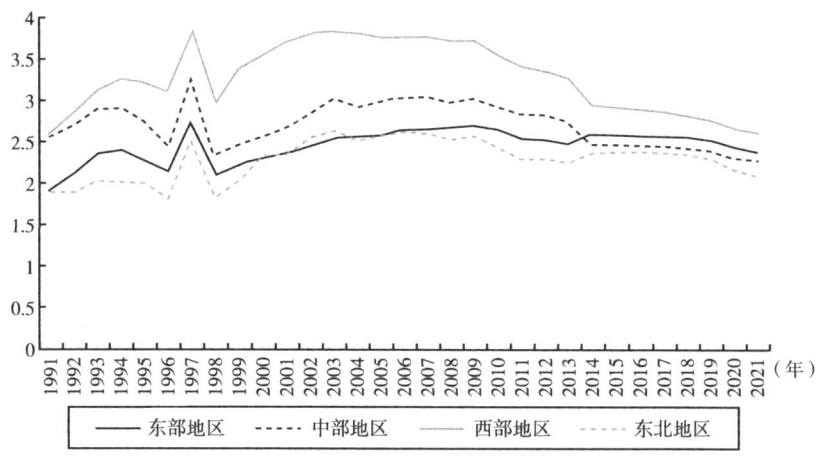

图 4-4　各地区城乡收入比变化趋势

二、城乡收入差距测算指标——结构相对数

结构相对数是计量总体的各个组成部分在总体中所占比重的一种相对系数，就本书而言可以从人均收入角度考察城乡居民收入的结构相对数，用于表示城乡居民的收入差距，本书选取农村居民收入的相对系数，其具体计算方式如下：结构相对数=农村居民家庭纯收入/城镇居民家庭人均可支配收入。结构相对数值越小表明农村居民家庭纯收入与城镇居民家庭人均可支配收入差距越大，即表明城乡收入差距越大。

从表4-4可以看出，我国城乡居民收入整体结构相对数在20世纪80年代为50%左右，90年代降低到40%左右，从1997年开始呈现下降趋势，直到2009年下降到30%，之后开始回升，截至2021年，这一值达到39.93%，这一变化趋势可以通过图4-5表示出来。

表4-4　　我国城乡收入整体结构相对数（1978~2021年）　　单位：%

年份	结构相对数	年份	结构相对数
1978	38.9	1981	44.65
1979	39.55	1982	50.46
1980	40.06	1983	54.87

续表

年份	结构相对数	年份	结构相对数
1984	54.49	2003	30.95
1985	53.8	2004	31.17
1986	47.04	2005	31.02
1987	46.16	2006	30.5
1988	46.17	2007	30.03
1989	43.78	2008	30.17
1990	45.45	2009	30
1991	41.66	2010	30.97
1992	38.68	2011	31.99
1993	35.76	2012	32.23
1994	34.92	2013	33
1995	36.84	2014	36.36
1996	39.8	2015	36.62
1997	40.5	2016	36.78
1998	39.85	2017	36.90
1999	37.76	2018	37.24
2000	35.88	2019	37.82
2001	34.5	2020	39.08
2002	32.14	2021	39.93

资料来源：中经网统计数据库。

从图4-5可以看出，我国城乡收入整体结构相对数呈现阶段性波动趋势。自1978年至1983年，呈现逐步上升趋势，1978年我国城乡收入结构相对数为38.9%，至1983年上升到峰值54.87%；1983年至1994年期间，除1990年出现一次上升，其他年份均呈现逐步下降态势，至1994年降低至34.92%，这是1978年以来的最低值；1994年至1997年出现新一轮波动，从1994年后出现反弹，到1997年达到40.5%，随后回落至2003年的30.95%。2003年持续下降，直到2009年的30%，之后出现缓慢上升趋势，直到2021年的30.93%。

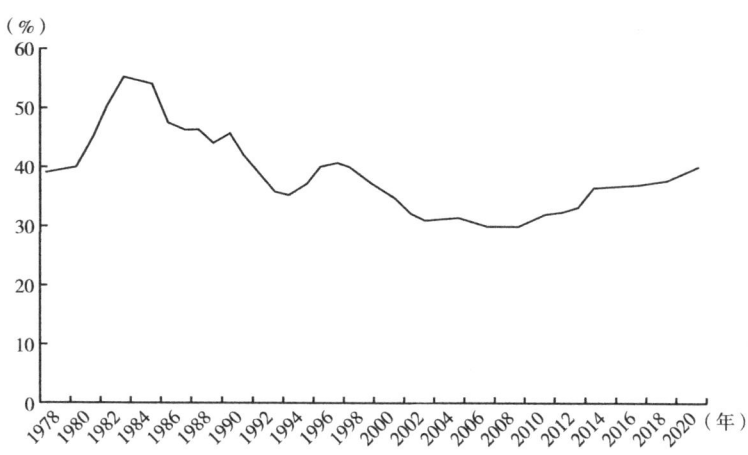

图 4-5　我国整体城乡收入结构相对数情况

资料来源：中经网统计数据库数据 http：//db.cei.gov.cn/page/Login.aspx。

我国幅员辽阔，各地区受地理位置、经济环境、人文等因素制约经济发展程度具有较大差异，简单地将全国作为一个整体分析过于笼统。因此，本书通过收集1991年至2021年各省区市城镇居民家庭人均可支配收入和农村居民家庭人均纯收入数据，加以计算各地区城乡收入结构相对数。我国各地区城乡收入结构相对数如表4-5所示，可以看出在每个关键年份，东部及东北地区的城乡收入结构相对数要大于中部地区，西部地区最小，表明收入差距自东部向西部逐渐扩大。自2004年以来，东北地区的城乡结构相对数稳居第一，东部地区次之，中部地区再次，西部地区最小，截至2021年东北、东部、中部、西部地区城乡收入结构相对数分别为41.78%、43.87%、38.46%、47.82%。

表 4-5　　　我国各地区结构相对数（1991~2021年）　　　单位：%

年份	东部	中部	西部	东北
1991	51.97	39.08	38.56	53.03
1992	47.44	37.02	35.23	52.72
1993	42.63	34.62	32.20	49.37
1994	41.93	34.47	30.80	49.85
1995	44.08	36.44	31.12	50.13
1996	46.82	40.74	32.30	54.80
1997	36.57	30.69	26.15	40.04

续表

年份	东部	中部	西部	东北
1998	47.36	42.98	33.53	55.05
1999	45.03	40.70	29.60	49.49
2000	43.83	39.29	28.28	43.23
2001	42.24	37.55	26.95	42.30
2002	41.02	35.31	26.35	39.33
2003	39.46	33.29	26.14	37.98
2004	39.02	34.09	26.25	39.89
2005	38.94	33.42	26.58	38.97
2006	38.07	33.01	26.54	38.44
2007	37.81	32.94	26.47	38.72
2008	37.53	33.54	26.91	39.65
2009	37.29	33.14	26.89	38.87
2010	38.00	34.19	28.20	41.29
2011	39.46	35.19	29.35	43.45
2012	39.74	35.46	29.81	43.55
2013	37.12	36.84	30.09	43.32
2014	38.77	40.48	34.01	42.23
2015	38.97	40.73	34.35	41.94
2016	39.09	40.84	34.67	42.26
2017	39.13	40.92	34.95	42.36
2018	39.38	41.28	35.44	42.68
2019	39.86	41.77	36.17	43.71
2020	40.91	43.05	37.58	46.45
2021	41.78	43.87	38.46	47.82

资料来源：中经网统计数据库数据http://db.cei.gov.cn/page/Login.aspx。

为了更清楚地了解各地区结构相对数的变化趋势，将表4-5的数据绘制成图4-6的趋势线，可以看出图4-6和图4-4的变化趋势呈现出相反对称的关系，这也从反面验证了图4-4所表示的不同地区收入差距现状。

从图4-6可以看出，东部、中部、西部和东北地区城结构相对数自1998年起至2003年均呈现缓慢下降的趋势。2003~2012年处于波动不大的平稳状态，2013年至今，各地区结构相对数开始呈现出上升的趋势，一直到2021

年，这一数值达到近些年来的最大值。

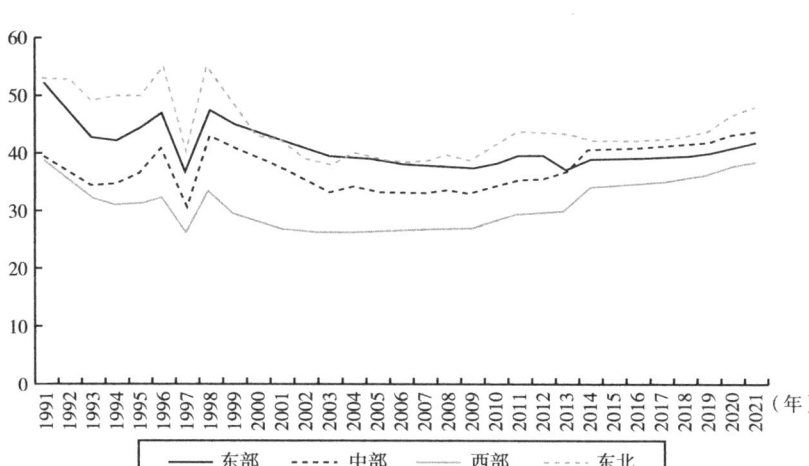

图 4-6　各地区结构相对数变化趋势

三、泰尔指数

泰尔指数是泰尔（1967）利用信息理论中的熵概念计算收入不平等状况时提出的，主要用来描述国与国间的收入差距。该指标表示的国家间收入差距状况等于各国家收入份额与人口份额之比的对数的加权总和，权数为各国的人口份额或收入份额。计算公式为：

$$TH_{all} = TH_w + TH_b \tag{4-1}$$

$$TH_w = \sum_i^n \left(\frac{Y_i}{Y}\right) TH_{pi} \tag{4-2}$$

$$TH^{pi} = \sum_j^n \left(\frac{Y_{ij}}{Y_i}\right) Ln\left(\frac{Y_{ij}/Y_i}{P_{ij}/P_i}\right) \tag{4-3}$$

$$TH_b = \sum_i^n \left(\frac{Y_i}{Y}\right) Ln\left(\frac{Y_i/Y}{P_i/P}\right) \tag{4-4}$$

其中，TH_{all} 表示总差距，TH_w 表示组内差，TH_b 表示组间差。我们以全国地区收入差距为例，则 i 表示地区（$i = 1, 2, 3$，分别与东、中、西部地区对应）；j 表示各省区市（如 $i = 1$，$j = 1, 2, 3, \cdots 11$ 就分别与东部的 11 个省对应）；Y_i/Y 表示 i 地区收入占全国总收入的比重；P_i/P 表示 i 地区人口占全国总人口的比重；Y_{ij}/Y 表示第 j 省收入在第 i 地区总收入中的比重；P_{ij}/P 表示第 j 省人口在第 i 地区总人口中的比重。

泰尔指数是衡量一个国家或地区收入分配平等程度的重要指标，泰尔指数避免了基尼系数对数据要求的微观个体限制，且可以使用组别数据，可以对分层数据集进行有效解构分析。其最大优势在于把地区收入总差距直接分解为组内差距和组间差距，从而可以直观地观察组内差距和组间差距的各自变动情况，直接研究组内差距和组间差距在总收入差距中的重要性及其对总收入差距的贡献率，进而为全方位、多角度、多层次、更深入地考察一个国家或地区的收入差距状况提供了直接依据。

四、基尼系数

（一）基尼系数的内涵

1905 年，统计学家洛伦茨提出洛伦茨曲线，该曲线是用来反映社会收入分配（财产分配）平等程度的曲线。具体来说，洛伦茨首先把社会总人口按收入由低到高平均分为 10 个组，即每个组均占 10% 的人口，接着计算出每个组的收入占总收入的比重，然后以人口百分比为横轴，以收入百分比为纵轴，绘出一条实际收入分配曲线即为洛伦茨曲线，如图 4-7 所示，线 OL 为绝对平等线，因为在这条线上，每 10% 的人均得到 10% 的收入，收入分配完全平等，折线 OHL 为绝对不平等线，因为该线意味着全部收入集中在 1 个人手中，收入分配极度不平等。介于二线之间的实际收入分配曲线就是洛伦茨曲线，当洛伦茨曲线越接近绝对平等线 OL 时，说明收入分配越平等；越接近绝对不平等线 OHL 时，说明收入分配越不平等。

意大利经济学家基尼根据洛沦茨曲线，设计出一个能够更好反映社会收入分配平等程度的指标，称为基尼系数（G）。其表示为：洛伦茨曲线图中实际收入分配曲线与绝对平等线之间的面积（用 A 表示）除以这部分面积（A）与实际收入分配曲线与绝对不平等曲线之间面积（用 B 表示）之和（A + B），即：G = A/（A + B）。基尼系数是介于 0 到 1 之间的数，基尼系数越小，则收入分配越平等；基尼系数越大，则收入分配越不平等。

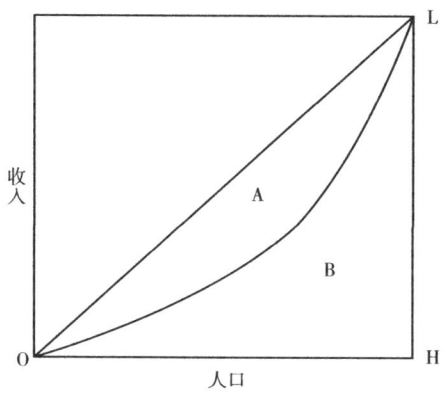

图 4-7 洛伦兹曲线

基尼系数是国际上通用的衡量一国收入分配平均程度的指标。目前，国际上衡量收入差距的一般标准为：基尼系数 G<0.2，表示收入分配高度平均；0.2<G<0.3，表示收入分配相对平均；0.3<G<0.4，表示收入分配较为合理；0.4<G<0.5，表示收入分配差距偏大；G>0.5，表示收入分配差距悬殊。

（二）基尼系数的计算

计算基尼系数有多种方法，但最常用的是直接计算法，下面我们就介绍直接计算基尼系数的方法。

基尼最早于 1912 年给出了无替换基尼平均差计算公式

$$Y = \sum_{i=1}^{n} \sum_{j=1}^{n} |x_j - x_i| / n(n-1), \text{ 其中 } 0 \leq Y \leq 2u \tag{4-5}$$

式（4-5）中，Y 表示基尼平均差，$|x_j - x_i|$ 表示任何一对收入样本差的绝对值，n 表示样本容量，u 表示收入平均值。

由于 Y 是收入不平等程度的单调递增函数，因此，基尼规定：

$$G = Y/2u, \text{ 其中 } 0 \leq G \leq 1 \tag{4-6}$$

基尼就把此作为衡量收入不平等程度的准则。

由式（4-5）、式（4-6）可得：

$$G = \frac{1}{2n(n-1)u} \sum_{i=1}^{n} \sum_{j=1}^{n} |x_i - x_j| \tag{4-7}$$

式（4-7）就是基尼系数的直接计算方法。

上述这种直接计算方法的最大优点在于：一是该方法只涉及居民收入样本数据的算术运算，因此，这种方法的适用范围很广，受限制较小；二是该计算方法产生误差的可能性很小，即误差的可控性很高，如此计算出来的基尼系数的真实性、准确性较高。

Mookherjee and Shorrocks（1982）给出了基尼系数的子群分解式：

$$G = \sum_k p_k^2 \frac{\mu_k}{\mu} G_k + \frac{1}{2} \sum_k \sum_h p_k p_h \left| \frac{\mu_k - \mu_h}{\mu} \right| \qquad (4-8)$$

其中 p_k 和 p_h 分别代表第 k 个子群和第 h 个子群的人口份额，μ_k 和 μ_h 分别代表第 k 个子群和第 h 个子群的收入均值，其中 G_k 和 G_h 分别代表第 k 个子群和第 h 个子群的内部基尼系数。

当只有城镇和乡村两个子群时，基尼系数分解式为：

$$G = p_r^2 \frac{\mu_r}{\mu} G_r + p_u^2 \frac{\mu_u}{\mu} G_u + p_r p_u \left| \frac{\mu_u - \mu_r}{\mu} \right| + R \qquad (4-9)$$

其中，其中 p_r 和 p_u 分别代表农村和城镇的人口份额，μ_r 和 μ_u 分别代表农村和城镇的收入均值，G_r 和 G_u 分别代表农村和城镇的内部基尼系数，R 代表由于农村和城镇收入数据重叠而产生的剩余项。$p_r p_u \left| \frac{\mu_u - \mu_r}{\mu} \right|$ 是群间不平等指标，可作为城乡收入差距的度量（费舒澜，2014）。

基尼系数含义明晰、直观，但不足之处在于：当只有城乡分离的分组数据，且城乡收入存在重叠时，基尼系数就不能完全分解为城镇内部不平等、农村内部不平等和城乡间不平等的形式，而是会产生一个剩余项。这就使得全国基尼系数和城乡间不平等的测算出现偏误。因此，一些研究从不同角度对城乡综合基尼系数（也称城乡合一基尼系数、全国基尼系数）的测算进行改进。

城乡居民收入数据主要有两种：一种是微观个体数据，如国家统计局调查总队的住户调查数据、中国家庭收入项目（CHIP）、中国家庭动态跟踪调查数据等；另一种是分组数据，也就是统计年鉴上城镇居民、农村居民独立的分组数据。微观个体数据的好处在于，只要样本具有足够的代表性，且样本在城乡之间的分布与总体一致，那么就可以由样本的基尼系数推断总体（全国）基尼系数。这种情况下不会产生城乡综合基尼系数的计算问题，采用微观数据计算方法就可以。然而，国家统计局住户调查的微观数据是不对外公布的，而分组数据只有间断性的几年，对于研究长期趋势是非常不利的。通常研究者只能从《中国统计年鉴》上获得城镇居民、农村居民各自的分组数据，且搜集过程繁杂，得到的城乡综合基尼系数通常是低估的，组数越少，低估程度越严重。

陈光金（2010）指出，凡是采用分组数据来进行城乡收入差距的分解，那么更容易得出组间差异对全国收入差距贡献更大的结论；如果采用微观数据，那么更容易得出组内差异对全国收入差距贡献更大的结论。原因在于：采用分组数据计算收入差距时，组内差距被忽略，城乡内部差距被低估，从而更容易得出城乡间差距贡献更大的结论；而采用住户调查的微观个体数据进行计算时，组内差距未被忽略，相比前者，城乡内部差距会更高，从而得出城乡内部差距贡献更大的结论。

根据我国统计年鉴，城镇和农村居民收入分组的数据格式并不一致，1986年之前的城镇和2001年之前的农村居民收入按照一定的收入区间分组，城镇在1987年之后按收入等级分为非等份的7组，农村在2001年之后按收入等级分为5等份。因此，无论是等份还是非等份的基尼系数计算公式都不能提供口径一致的计算结果。根据基尼系数是洛伦兹曲线图中不平等面积与完全不平等面积的比值，田卫民（2012）推导出如下计算基尼系数的公式：

$$G = 1 - \frac{1}{PW}\sum_{i=1}^{n}(W_{i-1} + W_i) \times P_i \qquad (4-10)$$

P 为总人口，W 为总收入，W_i 为累计至第 i 组的收入。上述公式避免了等分组和非等分组的难题，只按居民收入进行分组计算。

基尼系数因具有匿名性或称价值无偏性常被用以度量微观收入分配失衡，本书也采用该方法作为微观居民收入分配的测度标准之一。不过目前由于统计部门调查的收入数据都是城乡分离的，根据这些数据计算全国总体基尼系数以及对总体基尼数据的分解，国内外学者存在分歧（基尼系数相关方法至今还没有得到完善的结果）。因此城乡组间基尼系数数据无法统一，本书在进行城乡居民收入差距的测度时，综合考虑各指标的情况，以及数据的可获取性及真实、准确情况，选择城乡收入比进行研究。

第五章 对外贸易、外商直接投资对收入差距影响的机制分析

改革开放以来，我国经济持续快速发展，其中对外贸易、外商直接投资对经济增长的贡献大部分学者持肯定态度，但对外贸易、外商直接投资是否拉大了我国收入差距，众多学者研究切入点不同、研究结果也不尽相同。同时，大部分学者研究显示，对外贸易、外商直接投资对我国城乡居民收入差距、地区收入差距和行业收入差距有一定影响，但对于对外贸易、外商直接投资如何影响收入差距、通过何种机制、最终影响结果如何等方面的研究还有待完善。本章主要从商品价格机制、要素流动机制、技术进步机制、就业拉动机制以及政策机制五方面来研究对外贸易、外商直接投资对我国收入差距的影响。

第一节 对外贸易与城乡收入差距变化的机制分析

一、商品价格机制

商品价格机制是市场机制中最有效的调节机制，价格的变动对整个社会经济活动有十分重要的影响。商品价格机制是指在市场各种活动中，商品价格变动与供求变动之间的相互制约和相互联系。商品价格的变动，会引起商品供求关系变动；同时，商品供求关系的变动，反过来又引起商品价格的变动。商品价格机制能调节多次收入分配，能决定和调节产业间，行业、企业间和企业内部的收入分配。

Obstfeld 和 Rogoff（2000）提出汇率传递有直接效应和间接效应，直接效应是指汇率变动引起的进出口商品价格变动的程度，间接效应是指进出口商品价格变动通过生产、销售和流通等渠道逐渐传递到进口国或出口国的国内物价

第五章 对外贸易、外商直接投资对收入差距影响的机制分析

水平的总体变动中。

根据瑞典经济学家赫克希尔（Heckscher）和俄林（Bertil Gotthard Ohlin）提出的要素禀赋论（H-O模型），理论假定只有劳动力和资本两种生产要素；只有两种商品X、Y，且X是劳动密集型商品，Y是资本密集型商品；假定只有A、B两个国家，B为资本充裕国，A为劳动力充裕国。两国具有相同的偏好，有同一组社会无差异曲线。由于不同国家生产同一种商品的成本不同导致商品价格也不同，于是A国从B国进口密集使用其相对缺乏或者昂贵的一种生产要素的商品，B国同样从A国进口其相对缺乏的另一生产要素的商品。因此，由于资源禀赋不同，产生了国际贸易。俄林在对这一理论进一步完善后认为，在A、B两国之间，那些禀赋相对丰富的要素需求将会上升，从而该要素的价格将会上涨；反之，那些相对稀缺的要素需求将会减少，其报酬也在原有水平上下降。H-O理论在假设各国生产技术相同、生产要素禀赋不同的前提下，供求不同导致生产要素价格的不同，要素价格的差异导致商品生产成本的差异。对于某一生产要素相对丰富的国家，其要素价格相对较低，就具有相对比较优势。因此，国际贸易会促进一国丰富要素所有者实际收入的增加，稀缺要素所有者实际收入的减少。

1941年，斯托尔帕和萨缪尔森在他们合作完成的《实际工资和保护主义》当中用数学方法严格证明了要素价格均等化理论是成立的，提出要素价格均等化（Factor Price Equalization Theory），即H-O-S定理。按照赫—俄模型，国际贸易将导致各国生产要素的相对价格和绝对价格趋于均等化，生产要素的价格差异会随着要素禀赋差异的消失而消失，反映了对外贸易给不同国家同种生产要素的价格带来的长期影响。

由于这些贸易理论的限制条件过于苛刻，与现实存在很大的差距，特别是新古典贸易理论表明，对外贸易缩小了发展中国家收入差距，然而很多数据表明实际上发展中国家的收入差距在逐步拉大。

对于对外贸易通过商品价格机制对我国收入差距的影响，国内也有不少学者研究。郑燕（2019）在分析目前我国城乡居民收入差距的基础上，研究了对外贸易条件下，国外的农产品大量的涌入中国，由于国外农产品成本低，价格相对国内有绝对的优势，必然导致国内农产品价格的下跌，农民收入减少，引发农村剩余劳动力的增加，扩大城乡收入差距。高佳卫（2021）通过研究表明，国外廉价农产品的大量进口会对农业形成一定冲击，部分农业部门将会收

缩，导致农村居民收入减少，大量农民涌入城市，而城市居民以农产品价格衡量的实际收入上升，且城市在资本、技术、高素质劳动力、区位、高新产业等方面的优势也会使居民的其他名义收入上升。国内学者主要着重研究城乡收入差距，缺乏从经济整体角度研究对外贸易如何通过商品价格机制来影响我国收入差距。

综合以上结论，对外贸易一方面会通过汇率的变动，影响进出口商品价格变动，同时，对外贸易还会影响商品的供求变动，会对产品的价格产生影响进而影响居民收入差距。在本国居民名义收入不变的前提下，商品价格提高的情况下，比较商品的消费支出占总收入比重的上升幅度，低收入者要大于高收入者，这样二者的实际收入差距会逐步拉大；反之，在商品价格下降的情况下，将会缩小贫富差距。另一方面，对外贸易会影响我国产品的供需变化，由于我国的出口商品在国外市场中具有比较优势，出口产品行业为了扩大出口会加大投资，增加产品供给，提高企业产品产量，就需要扩大生产规模，从而提高对生产该产品的要素需求。在要素供给一定的条件下，要素需求上升会带来要素价格的上涨，该要素所有者的收入将会增加。对外贸易会引起产品价格的变化，产品的价格直接影响了产品的产量，产量的变化会引起要素的重新配置，进而引起要素供求的变化，随后要素的价格发生变化，最后导致要素所有者收入的变化。对外贸易影响要素收入分配的过程是从对外贸易改变一国商品的供需结构开始的，进而影响商品价格和生产厂商商品产量的变动。下游的调整和资源重组必然影响上游要素需求的改变，进而引起要素价格的变化，从而引起该要素所有者收入变化。对外贸易在带来一些要素所有者收入增加的同时，也带来了一些要素所有者收入的下降，从而影响收入差距。对外贸易通过商品价格机制影响收入差距的途径表现如图 5-1 所示。

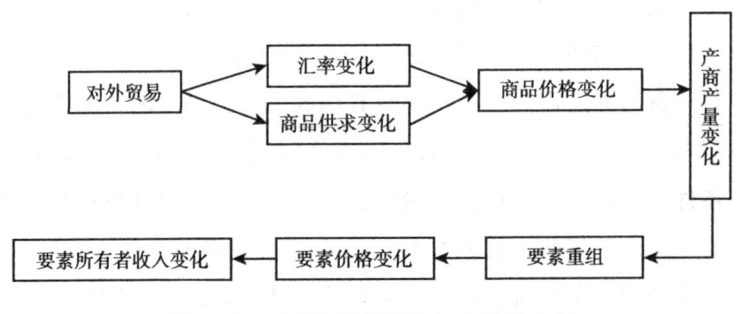

图 5-1 对外贸易影响收入差距的途径

二、要素流动机制

古典的国际贸易理论产生于 18 世纪中叶,是在批判重商主义的基础上发展起来的,主要包括亚当·斯密的绝对优势理论和大卫·李嘉图的比较优势理论,古典贸易理论从劳动生产率的角度说明了国际贸易产生的原因、结构和利益分配。澳大利亚经济学家林迪·爱德华兹(Lindy Edwards)以贸易开放度为指标,运用大样本时间序列数据考察贸易和收入分配的关系,虽然他没发现贸易对个人收入分配的明显影响,但他认为国际贸易是要素发生流动,进而对收入分配产生影响的。H-O 模型从贸易角度研究了要素流动、要素价格与商品价格之间的关系。区际贸易、国际贸易与要素自由流动会带来区域之间生产要素价格与商品价格的平均化。俄林认为"当生产要素由价格较低地区流向价格较高地区时,在价格较低地区的生产要素稀少了,报酬从而增加了,而在价格较高地区的价格下降了,除非在同时发生相互抵消的趋势。地区间要素流动的趋势趋于使有关地区的价格较为一致,正如人们发现地区间商品流动的情况那样。"

周杰(2012)根据特定要素模型,发现我国对外贸易会使东部特定要素资本的收益增大,而中西部地区特定要素自然资源的收益下降,流动要素劳动力的工资收入也会提高,但是提高幅度会小于资本的收益的增加。他认为:由于资本在东中西部的分布不均,对外贸易会使得以资本收入为主的东部的区域收入增加大于以自然资源收入为主的中西部的区域收入增加,从而形成东中西部的区域收入差距。

随着全球经济一体化,发达地区与欠发达地区都从经济发展出发,加强彼此间的经济合作,必然促使发达地区的资本要素向欠发达地区流动。要素跨国流动是科学技术进步和国际投资软环境改善的结果。目前,资本要素的跨国流动已经成为国际要素流动最基本的方式。

对外贸易会促进经济的发展,改变本国产品结构,从而增加对一些要素的需求,要素价格上升,此时,要素会从价格低的地区流向价格高的地区。要素的需求是一种引致需求,它的需求是厂商用于生产产品,而非用于消费。要素的需求量取决于产品的需求量,产品需求上升,厂商会认为有利可图,增加要素的投入，要素需求增加。在我国，要素价格上升，欠发达的地区的要素会选择流向发达地区，欠发达地区要素减少会提高要素报酬的增加，提高欠发达地区要素所有者的收入，发达地区要素的增加会减少该区要素所有者的减少，从而缩小了地区间要素所有者收入差距。但是劳动力要素是个例外，对外贸易的发展，中西部等欠发达地区劳动力会流向东部发达地区，对外贸易会增加劳动力需求，但需求大部分为技术型劳动力，而欠发达地区劳动力素质较低，流向东部等发达地区后只能从事非技术型劳动，一定程度上会增加收入，且他们收入大部分又流回欠发达地区，一定程度上缩小了收入差距。同时，东部等发达地区的技术型劳动力不会因为中西部地区的流入而减少工资收入，因为我国的技术型劳动一直处于供不应求的状态，反而会因为需求上升而提高其工资收入。

对外贸易通过要素流动机制对收入差距的影响途径如图 5-2 所示。

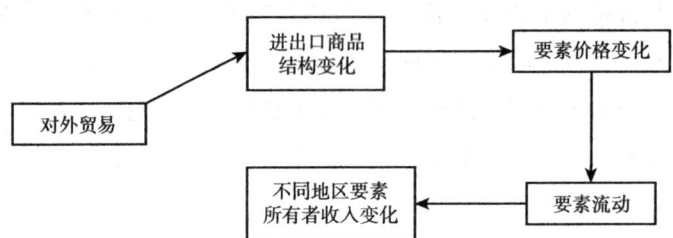

图 5-2　对外贸易通过要素流动机制对收入差距的影响途径

三、技术进步机制

Pavcnik，Blom and Goldberg（2002）分析了 1988 年至 1994 年巴西对外贸易对工资差距的影响，研究结论表明，在巴西为了提高生产力而引入的技能偏向型技术进步在一定程度上促进了工业的工资水平提高。Esquivel 等（2003）研究了墨西哥 1988 年至 1994 年和 1994 年至 2000 年两个阶段工资差距上升的原因，并认为在前一个阶段，根据 S—S 定理，贸易的自由化缩小了工资差距，但是却被技术变迁导致的工资差距拉大效应所抵消；在第二个阶段，贸易自由化的作用仍然不显著，工资差距的微小上升也是由技术变迁导致的，从而强调了技术对工资差距的决定性作用。Acemoglu（1998）认为，与国际贸易影响工资差距的价格机制不同，开放条件下，对外贸易的开展也会影响一国的技术进步,贸易可以改变技术创新的方向,从而影响一国的工资差距。在南北贸易中,发展中国家对知识产权的保护力度对其国内的工资差距具有一定的影响:在知识产权得不到有效保护的情况下,发展中国家对发达国家的技术模仿会采取偏高技能的技术,从而提高了对高技能劳动的需求,扩大了工资差距。Acemoglu后期研究认为,技能偏态型的技术进步是内生的,是人力资本投资增加造成的高技能劳动力供给增加的结果,当高技能劳动力供给增加时,技术进步就被导入了技能偏态的轨道。他认为,劳动力中技能供给的增加在短期内降低了高低技能劳动力的收入差距,但是长期看来,技能供给的增加导致了技术进步的技能偏态性,使得高低技能劳动力收入差距扩大,并最终超过了初始的降低效应。

蔡晓月等(2023)分析了中国1997年至2001年国际贸易、技术变化等因素对劳动者报酬和收入分配的影响,研究证明自由贸易一定程度上扩大了中国的收入差距,而技术进步是中国个人收入差距扩大的最主要因素。陈利敏、谢怀筑(2004)认为外资引入导致了技术进步,但只是提高了中国高技能劳动者的工资水平,对低技能劳动者的工资水平影响很小。"技能偏向型效应"的提出很明了的说明了这一问题(见图5-3)①,假定市场上存在高技能和低技能两种类型的工人,并且数量相当,高低技能工人的就业率相同开始劳动力需求曲线为D1,供给曲线为S1,在E1点时达到了均衡,随着技术的进步,市场上对高技能劳动者数量增加,导致需求曲线右移,达到新的均衡点E2,此时高技能与低技能工人工资比与人数比都上升,这就是技能偏向型作用的效果。

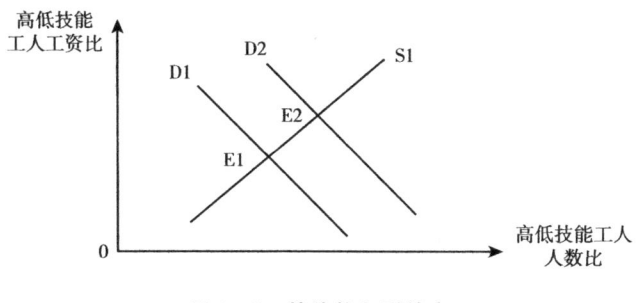

图5-3 技能偏向型效应

---

① "技能偏向型效应"最早由Acemoglu(1998)正式提出即快速的技术进步加大了对高技能劳动力的需求,从而改变了就业中的技能结构,加剧了不平等的现象。

如图 5-4 所示，技术进步的技能偏向型效应，使得市场对高技能劳动者的需求数量增加，即高低技能工人人数比增加，从而高技能收入状况得到改善，使得高低技能的工人收入差距加大。故对自身技能的提高成为低技能工人的目标，增加了人力资本的存量，提高了劳动者的收入，激励着人力资本的投资，技术进步不断跟进，高技能需求又进一步提高，实现了良性循环。

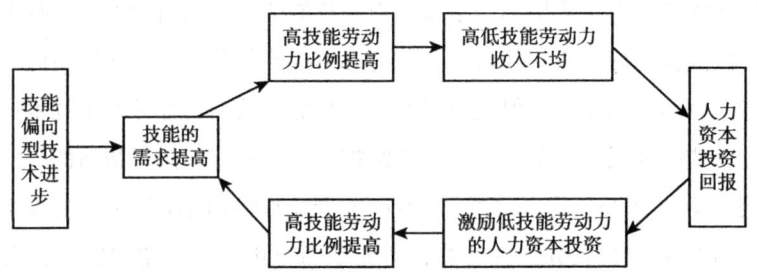

图 5-4　技能偏向型效应作用的路径

随着新贸易理论和新增长理论的发展，人们逐渐认识到对外贸易是通过影响技术进步促进经济增长，进而影响收入分配的。现代经济增长的理论模型表明，要实现长期的经济增长和收入水平的提高，必须依靠技术进步。否则伴随人均资本的增加，资本的边际报酬递减，最终导致人均产出的增长停滞。技术进步通过影响劳动对象、劳动手段等生产力要素，推动了经济结构的变革，从而改变劳动者的收入结构。贸易的自由化，促使技术的不断进步，进而影响不同劳动者的收入。

四、劳动力市场弹性机制

H-O 模型和 S-S 理论在讨论贸易对收入差距的影响时主要基于要素需求和价格角度，而基本没有涉及劳动力市场的自身特点，在现实中国际贸易可能会影响劳动力市场自身上的价格弹性，从而对高技能和低技能工人的就业状况和收入水平带来不同的影响。

国际贸易可能会增加劳动力市场的自身价格弹性从而对发展中国家非熟练工人的就业和工资带来不利影响（Rodrik，1997）。这主要是由于国际贸易会提高产品市场的竞争力，导致对产品的需求变得更富有弹性，从而增加国内劳动力市场的价格弹性（Katics and Peterson，1994；Harrison，1994；Yabuuchi and Chaudhuri，2007）。此后，贸易通过劳动力市场影响收入分配的研究课题得到更为广泛的讨论。从国际贸易会增加对劳动力需求的自身价格弹性的论点中，可得到三个含义：第一，日益递增的贸易和投资机会使得工人想要取得更高水平的生活标准和福利代价更昂贵；第二，较高的弹性将会使得工资和就业面临劳动力需求的外部冲击时更加不稳定；第三，较高的弹性会使得对劳动力的需求转向资本，这样会导致"公司剩余中工人所占的份额更少"。

五、就业拉动机制

关于对外贸易对就业的影响，1981年，Anne O. Krueger 曾以巴西、智利等10个发展中国家为案例对此问题进行了较为深入的研究，认为在某些情况下，发展中国家实施对外开放、出口促进的贸易政策对就业的促进作用比进口替代政策更显著，并指出了贸易促进就业增长的三种情形：（1）贸易能够优化资源配置，推动整体经济的增长，从而有可能促进就业增长；（2）一国实施出口促进战略时，出口行业增长较快，而进口替代行业将面临更大的压力，如果某个行业单位产出或增加值的就业人数比其他行业高，那么，该行业的就业增长率也较高；（3）贸易政策会影响到所有行业技术的选择，以及资本与劳动力的比例。贸易政策越是有利于资本密集、劳动生产率较高的行业发展，该行业就业的增长就越缓慢。

对外贸易在提高出口部门产品价格、降低进口部门产品价格的同时，往往会导致进口部门产出和就业的减少，出口部门产出和就业的增加，这种要素的调整最终影响到国内要素所有者的收入。如果工资有弹性，劳动力充分就业，由贸易自由化所引起的价格的变化就会在工资上得到反映；如果在贸易改革时仍有大量劳动力进入或退出劳动力市场，则贸易自由化引起的价格变动会体现在就业上。对外开放后，一方面一部分劳动力进入了国际市场，另一方面隐性失业显性化，都使得收入差距恶化。我国在改革开放以前，国有企业、集体企业等吸纳的劳动力远远超过其实际的需要，一旦实行开放政策，企业为了在世界市场上保持竞争力而减少冗员，出现了我国就业机会的快速下降，这是开放将隐性失业显性化的结果。虽然这一举措提高了效率，长远看利于企业的发展，但是短期内确实对一部分人的收入和就业产生了负面的影响。

综上所述，对外贸易影响收入分配的产业结构机制表现途径为：对外贸易的实施——进出口部门产出变化——产业结构变化——就业结构（数量）变化——收入变化。

六、政府政策支持机制

毫无疑问，政府特别是其相关政策的实施在对外贸易影响收入分配的过程中具有十分重要的作用。一方面，贸易自由化将推动市场化的深入，进而削弱了政府试图通过有针对性的产业保护和市场干预等。另一方面，没有配套政策措施，贸易改革是不可能产生欲达到的效果的，甚至可能延误其他相关改革。

我国对外贸易政策的演变经过了三个阶段第一阶段（1978~1987年）改革微观经营体制，通过放权、实行外汇留成等激励外贸企业出口积极性；第二阶段（1988~1993年），重点是改革外汇资源配置制度，实行汇率双轨制①，取消出口补贴；第三阶段（1994年以来），重点是改革宏观政策环境里的汇率，取消汇率双轨制，实行以市场为基础的浮动汇率制度。改革政策目标由"调剂余缺"转变为："推动经济增长"以"扩大出口"。20世纪80年代，中国开始鼓励出口。对外贸易发生数量与结构的变化，政府关税收入增加，政府收入也呈稳定的态势增长，政府财政能力的增强是一个政府调控宏观经济的必要保证。企业的收入与对外贸易的发生密切相关，随着中国加入WTO，外向型企业进入其他国家进行贸易的关税与配额限制将减轻，但技术壁垒的存在对于外向型企业是一个挑战，企业的收入除了与劳动、资本优势有关外，技术的进步同样至关重要。居民收入的增加主要反映在对外劳务的输出、转移支付与侨汇，随着出口部门与外向型产品的广泛增加，从事出口部门劳动者收入也会增加，城乡居民的收入差距必然会有很大的差异。

贸易自由化要求政府减少政治限制（比如垄断租金、官僚低效率和政治权力）（Beger and Krueger，2003），推动政府促使宏观经济稳定、国内价格自由化、资本账户自由化、汇率自由化和社会安全网发展计划等，贸易自由化要

---

① 汇率双轨制是一种让利方式，同样属于微观领域的改革。

求市场机制自发地调节经济运行和分配活动。此外，政府创造的宏观经济环境也对贸易影响收入分配起着至关重要的作用。如允许或限制贸易和资本的流动性，汇率制度的选择和经济运行的制度管理，都将对贸易自由化影响福利的渠道或机制产生影响，也会对国家内部的贫困以及国家层面和全球的收入收敛产生影响。因此，在这种情况下，政府应通过增加对弱者特别是在贸易自由化过程中受损人群的转移支付，提高对特殊行业如农业的补贴来增加低收入者得收入水平，缩小收入差距，通过实施相关政策重新从贸易自由化获利者中分配一些利益到损失者中既可以缩小收入差距、减轻贫困，也可以增加贸易自由化在政策上的可行性。

第二节 外商直接投资与收入差距变化的机制分析

一、技术溢出机制

现代经济增长的理论模型说明，长期的经济增长和人均收入水平的提高有赖于技术进步。没有技术进步，随着人均资本的增加，资本的边际报酬递增，最终人均产出的增长就会停滞（Solow，1956；Swan，1956）。无疑先进技术在经济发展中具有重要地位。随着经济全球化时代到来，国外直接投资也逐渐成为国际资本的主要流动形式，对东道国的经济产生了深远影响。外商直接投资带来了资本等有形资源的同时，还带来了先进的技术、管理技能等无形资源，更重要的是通过技术外溢效应促进东道国的技术进步，促进东道国的经济增长。

学术界关于的技术外溢效应的研究颇丰，普遍认为技术外溢是指发达国家和地区在其他国家，特别是在发展中东道国进行直接投资时，其先进的生产技术、经营理念、管理经验等通过某些非自愿的扩散途径，渗透到当地的其他企业，从而促进东道国企业技术水平的提高，是一种经济外部性的表现。

外商直接投资技术外溢效应的发生主要包括以下三种途径：第一，平行型关联。外资企业进入增加市场的竞争程度，迫使本地企业对手提高技术水平，同时外资企业生产的产品以及采用的先进技术，产生示范效应，引起当地企业的跟随和模仿。一般情况下，市场的竞争程度越高，技术外溢效应越强。第二，垂直型关联，外资企业在东道国市场进行采购和销售等活动，将部分生产外包给东道国本土企业，外资企业先进的产品、生产工艺、管理和营销等方面的相关技术，会不自觉的渗透到东道国企业中去，从而帮助其提升了技术水平和生产效率。第三，人力资本转移。外资企业的雇佣行为是相当市场化的，劳动力的流动基本不受市场以外其他因素的制约。因此当员工从外资企业流向内资企业时，外企先进的技术手段和管理经验也会被带到内资企业，促进内资企业的技术升级和管理创新。随着人力资本的流动，技术外溢效应便会随之发生。

现有研究表明外资开放的技术外溢不仅可以作用于技术密集部门，也作用于非技术密集部门，外资开放对技术劳动力和非技术劳动力的影响取决于开放对于两部门效率的影响。如果外资开放提高技术部门效率，也提高了非技术密集型部门的生产效率，不过对技术密集型部门的效率提高要大于非技术密集型部门的，会带来技术劳动力和非技术劳动力收入的提高，且工资不平等增加。如果外资开放提高技术部门效率，降低了非技术密集型部门的生产效率，会带来技术劳动力收入提高和非技术劳动力收入的降低，且工资不平等增加。如果外资开放提高技术部门效率，且提高了非技术密集型部门的生产效率，不过对技术密集型部门的效率提高要小于非技术密集型部门的，会带来技术劳动力和非技术劳动力收入的提高，且工资不平等减小。如果外资开放降低技术部门效率，提高了非技术密集型部门的生产效率，会带来技术劳动力收入降低和非技术劳动力收入的增加，工资不平等下降（王琳，2021）。

二、就业拉动机制

由于我国劳动力的市场价格优势，FDI 进入的行业也主要集中于劳动密集型行业，大多使用熟练劳动力。从制造业产业链来看，FDI 主要利用劳动力的市场价格优势进入低端制造业，吸纳劳动力的规模较大，这就直接或间接地促进了农村剩余劳动力向非农产业的转移，提升了城镇低技能劳动者和农村居民的收入水平，从而在一定程度上缩小了城乡居民间的收入差距。另外，外商投资企业最终产品的销售情况也会影响东道国的需求结构、产业结构的变化，进

第五章 对外贸易、外商直接投资对收入差距影响的机制分析

而影响东道国居民收入分配状况，从而对居民收入差距造成一定程度的影响。

Lall（1974）和 Robbins（1996）等人得出的结论，如果跨国公司在东道国倾向于投资资本或技术密集型产业，便会增加东道国技术工人的就业率，这会对本国落后企业部门造成极大的冲击，在跨国公司就业的管理人员与技术人员的工资会上升，从而使得靠苦力劳动生存的劳动者相对收入下降，导致本国的收入差距拉大。Nafziger（1997）等在考察了部分拉美和东欧国家的市场现状后得出结论：跨国公司依靠自身的经济实力和政治的影响力，对东道国做出不投资的威胁，并对东道国的政府施加压力、削减福利和降低工人的工资，使得中低收入阶层的收入受到压制，加剧了不平等。

外企使用的是"效率工资"，即工资的多少取决于自身为企业创造的价值，外企把高工资作为一种诱惑，来吸引最有能力的人才，效率工资的实施，加剧了收入差距，能力高的人选择外企，拉开了高低能力人群的收入。自中国实行改革开放政策以来外商直接投资的大量涌入，使素质较高的技术工人的工资大幅度上升，从而扩大了中国的收入差距。另外，外资企业主要聚集在沿海和中东部地区，这样也就加大了中国地区收入差距。

Meyer（1999）和 Obstfeld（1998）提出外商直接投资增加了对高技能劳动力的需求，同时那些已有的相对高收入者更能享受外商直接投资带来的"溢出效应"，从而导致收入差距的扩大，这在很多发展中国家中得到体现。当然他们也提到，如果外商直接投资能够增加对非熟练劳动力的需求，或是给失业者提供就业机会，那么在一定程度上，由于扩大了低收入者的就业范围、增加了其收入来源，外商直接投资也可能会促使收入分配走向更加平等。

根据陈润（2021）以及赵自芳、史晋川（2006）等的研究表明，中国劳动力市场的扭曲要小于资本市场的扭曲，而民营企业的扭曲程度要小于国有企业，而且劳动力市场的价格扭曲呈现一种收敛趋势，说明劳动力市场在经历了市场化之后，市场已经开始逐渐在劳动力要素价格中发挥作用，因此我们可以初步认为，在中国，开放通过商品价格的变化影响要素价格最终影响收入差距的机制在劳动力市场还是能发挥一定的作用，它促进了技术劳动和非技术劳动之间收入差距的缩小，即对城乡之间收入差距扩大是一种反向的作用。

在技术一定的条件下，增加一定的资本则必然要求增加相应的劳动力投入，FDI 对就业存在就业量和就业结构两方面的影响，进而影响居民的收入和

收入结构。依据 Chen and Ku（2003）的研究，可以将 FDI 对就业的影响划分为两大效应，分别是替代效应（Substitute Effect）和产出效应（Output Effect），前者是指 FDI 在提供资本的同时，通过技术外溢，使得资本要素生产率得到提高，形成了对劳动要素的替代，这种效应的结果是就业量的减少，而后者是指 FDI 投资在既定的生产函数下，必然会带来就业量的增加，否则仅依靠资本投资无法形成生产能力。显然，FDI 对就业量的影响，取决于以上两种效应的"较量"，因而对于不同部门和产业，FDI 对就业量的影响可能并不一致。

基于以上观点，本书把 FDI 对收入的具体影响路径做了一个详细的图解，如图 5-5 所示。

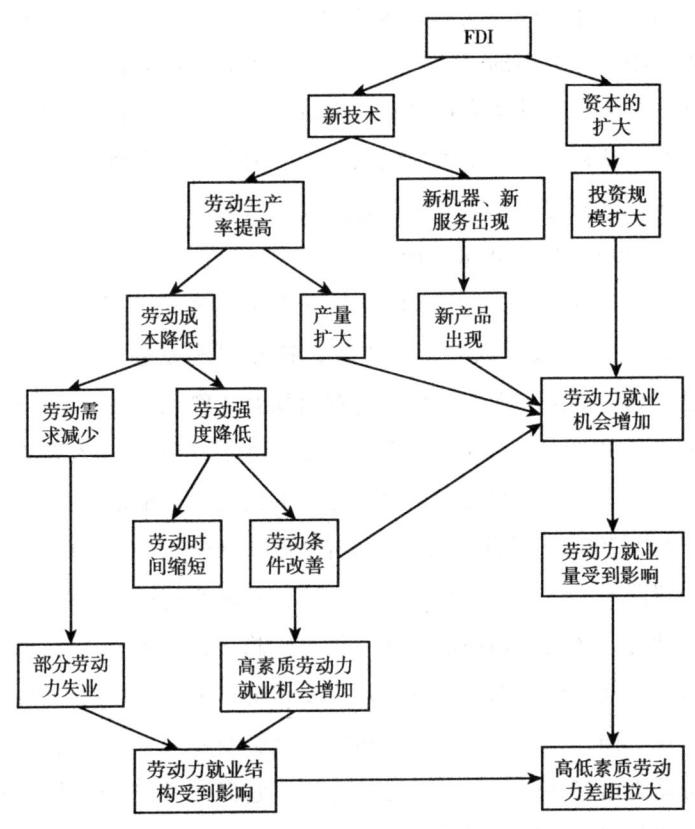

图 5-5　FDI 关于就业机制对收入差距影响的路径

近年来，随着不断出台政策鼓励高新技术产业和服务业的快速发展，我国的产业结构不断得到升级，企业开始重视用技术提高劳动生产率。对外贸易和FDI的迅速发展产生了很多中小型企业，从而使得中小企业成为扩大就业的主要渠道。目前我国中小企业提供的就业岗位占到全部就业岗位75%以上，中小企业的发展与我国人民的收入和生活水平有着直接的关系，改革开放之前，我国实行的是计划经济体制，厂商之间基本不存在竞争，完全是按照国家的计划生产和供给，改革开放之后由于对外贸易和外资大量涌入，商品的供求开始逐渐由市场来决定，就业人口逐渐增加岗位的竞争压力也越来越大，外商直接投资导致我国居民收入分配的不均衡。

三、要素供求机制

对外直接投资所涉及的要素主要包括：资金、人力资源、机器设备、管理经验、信息、无形资产和技术。这些要素中大部分都是我国相对缺乏，而发达国家具有比较优势的。这七种要素都是跨国公司在对外直接投资过程中所要部分或全部涉及的。

根据 Feenstra 和 Hanson（1997）提出的外部采购理论，国家分发达国家和发展中国家，资本从发达国家流向发展中国家，伴随着发达国家跨国公司从发展中国家的采购增加，在全世界范围内增加了对熟练劳动的需求。发达国家主要从事资本和技术密集型产品的生产，这样在发达国家内部就需要更多的熟练技术工人。非技术密集型产业转移到发展中国家，发展中国家则承接了发达国家的产业转移，尽管发达国家认为发展中国家从事的是需要大量非熟练劳动的产业，但发展中国家认为需要本国更多的熟练劳动力以承接发达国家产业转移的需要。这样对转让双方来说，尽管对熟练劳动的定义并不一致，但各自对熟练劳动的需求都相对上升，熟练劳动力的工资水平也相对上升，非熟练劳动力的工资相对下降，收入差距恶化。随后，Feenstra 和 Hanson 利用墨西哥的数据进行实证分析，证明了他们所提出的外购假说是成立的，在墨西哥外商直接投资集中的地区，外商直接投资的增长可以解释熟练劳动力工资水平的增长，外商直接投资恶化了墨西哥的收入分配状况。

从理论角度，FDI 的投入会增加东道国资本的供给，减少本土资本要素所有者的收入，另一方面会增加对劳动要素的需求，从而增加劳动力要素的收入。发展中国家对外开放程度的不断加大，收入差距也在逐渐扩大。在某一行业内国外投资者销售额的提高，会使没有 FDI 的当地同一行业的企业的平均成本在短期内提高、产出会下降，从而短期内会拉大同一行业中国际直接投资企业和当地企业间工人工资的差距。Lipsey 和 Sjoholm（2001），Feliciano 和 Lipsey（1999）研究发现，FDI 投资企业可以支付更高的工资，主要原因在于：FDI 企业在东道国从事技术和资本密集型的行业生产；它们具有技术和资本相对优势，因此从事生产的工人的劳动生产率更高；支付高工资可以降低企业先进技术的外流；充裕的资本促使企业为劳动者提供更多的培训机会，提高生产效率；且 FDI 企业比本土企业具有更大的规模。

在一个劳动力充裕的国家，外商直接投资引起的这种技术转移是技能偏向的还是劳动力偏向的将决定 FDI 对技能的回报，而不是究竟哪个部门吸收了国际直接投资。当国际直接投资伴随着劳动力偏向的技术时将降低工资差距，而当国际直接投资伴随着技能偏向的技术时则将增加工资差距。有学者认为国际直接投资提高了熟练劳动力（非农业劳动力）的工资，降低了非熟练劳动力（农业劳动力）的工资，因此国际直接投资可能是导致发展中国家收入差距的一个根源。

FDI 引入要素大致有 7 种，我们主要通过技术、资本、劳动力要素来分析 FDI 通过商品价格机制对我国收入差距的影响。FDI 引入不仅增加了我国了资本、技术等先进的生产要素供给，同时增加了对劳动力要素的需求。外商直接投资的企业主要投资于技术密集型和资本密集型行业，因为 FDI 企业较发展中国家在技术、资本都有着相对优势。由于发展中国家劳动成本低、市场大等因素，FDI 企业选择流向发展中国家。FDI 引入增加了我国资本、技术供给，由于 FDI 企业通过利用资金、技术的优势，实现规模效应来降低产品成本，对我国同行业企业造成冲击，我国同行业企业效益下降，工人工资水平也随之下降；相比之下，FDI 企业由于高收益和避免先进技术流失，会支付较高的工资，拉大了同行业间 FDI 企业与本国企业劳动者收入差距。同时，FDI 企业有着先进生产技术，对于熟练劳动力需求上升，在当前我国熟练劳动力供给一定的情况下，熟练劳动力工资上涨，进一步拉大了熟练劳动力与非熟练劳动力的收入差距。

FDI 通过要素供求机制影响收入差距途径如图 5-6 所示：

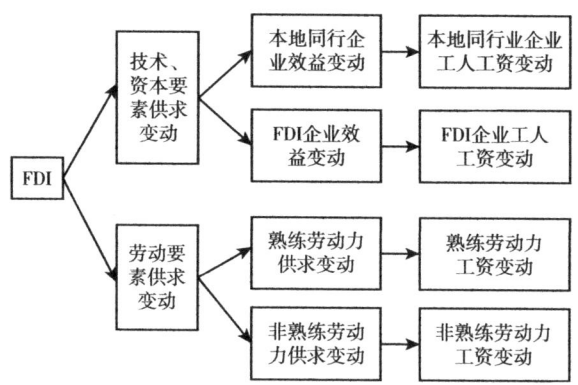

图 5-6 FDI 通过价格机制影响收入差距的途径

四、国家政策机制

在外商直接投资的布局上,我国采取先东部后中西部的方针政策,使得中西部地区的外商直接投资在数量上和规模上都落后于东部地区,FDI 呈现出东高西低,外商直接投资的不均衡分布还加剧了地区经济发展的不均衡。对待地区发展推行的政策战略是"梯度推进战略",即鼓励东部地区优先发展,待东部地区发展到一定阶段后再逐步将资本、技术、资源等向中西部地区扩散,最终实现共同富裕。各种优惠政策使得东部地区获得良好的发展机会,经济得到高速发展,打开了东部优先发展的局势。但是由于我国市场经济还不健全,理论准备不充分,大量的资金、技术、人力资本向基础设施完善、投资回报率高的东部发达地区转移,"梯度推进战略"在中西部地区的发展受到阻碍。不仅东部地区的资金和技术没有扩散到西部地区,反而西部地区原本就十分匮乏的资源也流向了东部,导致东中西地区收入差距的扩大。我国在改革开放之初,为了吸引外资,引进国外先进的管理和技术,对外商提供了较多的税收优惠。税收优惠政策,弥补了我国的经济体制缺陷,有效地吸引了外资,但内外有别的税收优惠政策是把双刃剑,在吸引外资的同时,也使我国内外资企业的税收负担有失公平合理。根据竞争的原则,内外资企业应该站在同一起跑线上,不能因资本来源的差异实行内外有别的税收待遇,这应该成为学术界和政策制定者的共识。而这类情况也在某种程度上拉开了不同企业之间的收入差距。

2008年1月前,对外资的"超国民待遇"造成经济发展倾斜。FDI进入中国市场靠的不仅是技术优势,而且还有种种对外资实行的减免税收、设立保税区等政府配套措施。外商投资企业对国内企业产生了挤出效应,导致国内企业不景气,对劳动力的需求减少,必然导致大量工人失业,增加低收入人群的数量,从而加大了国有企业与外资企业的收入差距。

国内企业要努力提高技术水平和生产效率,一方面为跨国公司技术转移创造有利条件,扩大跨国公司技术溢出效应;另一方面,提高自身的学习能力,促进引进技术的消化吸收,从而为未来的自主创新打下坚实的人才和制度基础。中小企业的迅速发展,会给我国庞大的就业人员提供较多的就业岗位,减少因失业而带来的低收入人群。

第六章 对外贸易、外商直接投资对城乡收入差距的实证分析

在经济全球化浪潮下,随着中国改革开放的深入,中国经济获得了长足发展,贸易开放和引进外商投资作为经济全球化的基本特征曾为中国经济发展立下了汗马功劳。一方面,以对外贸易和外商直接投资为代表的经济开放带来经济高速增长、国民收入水平提高、产业结构升级;另一方面,作为发展中国家的我们,也正经历着贸易和外资开放所带来的收入差距扩大的困难征程。基于中国城乡二元经济结构,本书认为研究对外贸易与外商直接投资对我国城乡之间收入差距具有理论和现实的双重意义。本章着重通过计量经济模型分析对外贸易、外商直接投资及其他因素如何对城乡收入差距产生影响,是拉大收入差距还是缩小收入差距的,其背后的机制如何。

第一节 资料来源及模型选择

本书样本数据选择2001年至2020年我国北京、天津、河北、上海、江苏、浙江、福建、山东、广东、海南、山西、安徽、江西、河南、湖北、湖南、内蒙古、广西、重庆、四川、贵州、云南、陕西、甘肃、青海、宁夏、新疆、辽宁、吉林、黑龙江共30个省、自治区和直辖市(其中由于西藏数据缺失较多,未包含西藏地区数据),各个省份的人均GDP、进口额、出口额、固定投资、实际使用外商直接投资等数据根据《新中国六十年统计资料汇编》、历年《中国统计年鉴》、《中国人口统计年鉴》、历年各省统计年鉴以及中经网统计数据库等相关数据整理得出,但是由于某些数据的获得存在困难,所以书中在个别分析中也会少量转引文献研究的数据。本书根据实际情况对缺失值采用相应的指数平滑或均值等统计处理,对分类变化则采取进行归并处理或筛选

等方法。

一、面板数据分析优势

本章以本书搜集的各省际面板数据为基础,采用面板数据模型进行分析。时间序列数据或截面数据都是一维数据。例如时间序列数据是变量按时间得到的数据;截面数据是变量在截面空间上的数据。面板数据(panel data)也称时间序列截面数据(time series and cross section data)或混合数据(pool data)。面板数据是同时在时间和截面空间上取得的二维数据。面板数据示意图如图 6-1 所示,是由若干个体(entity, unit, individual)在某一时刻构成的截面观测值,从纵剖面(longitudinal section)上看是一个时间序列。

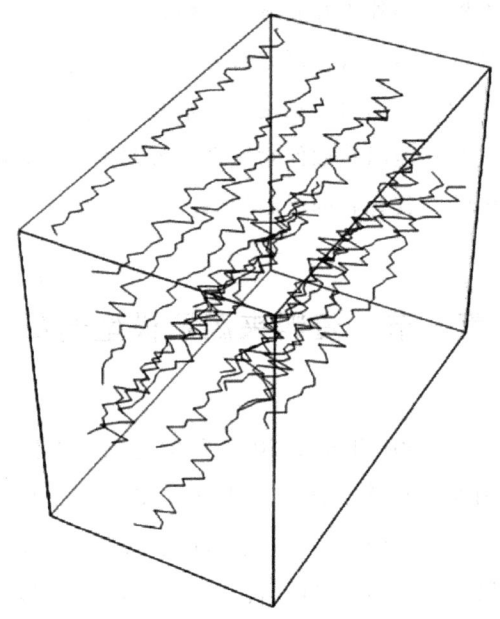

图 6-1 面板数据示意图

面板数据用双下标变量表示。例如:Y_{it}, $i = 1, 2\cdots, N$; $t = 1, 2, \cdots, T$, N 表示面板数据中含有 N 个个体。T 表示时间序列的最大长度。若 t 固定不变,Y_i($i = 1, 2\cdots, N$)是横截面上的 N 个随机变量;若 i 固定不变,Y_t($t = 1, 2\cdots, T$)是纵剖面上的一个时间序列(个体)。

在经济研究中，面板数据与传统的横截面数据集或时间序列数据集相比，具有多方面的优势：

第一，面板数据可以提供更多的信息及变化，相对于时间序列的 $1\times T$ 数据点，面板数据模型具有 $N\times T$ 数据点，因此增加了数据的自由度并降低了解释变量的共线性程度，从而提高了计量经济模型的有效性；

第二，面板数据可以为加总数据分析提供微观基础。加总数据分析常牵涉到"代理人假设"，但是，如果微观单位不同质，不仅加总数据的时序属性会与细分数据不同，在加总数据基础上得到的政策评估也可能会完全误导，且加总数据的预测也不如围观数据精确。

第三，有助于区分各种经济假设，识别各种经济模型。经济学中相互竞争的各种理论或/和假设，需要考察微观属性，显然是加总的时序数据不能提供微观属性，单个个体的时序数据也不能提供不同个体间差异的信息。截面数据尽管含微观个体之间差异的信息，却不能用于个体内部动态或者因果序（causal ordering）的建模，除非具备这些差异的控制变量数据，并在模型中显性地设定。面板数据为众多个体提供序列观察值，从而可以区分个体间的差异和个体内部的差异。而且，适当加入另外的变动来源，也可提供非常有用的信息来区分个体行为和平均行为，或者识别其他未被识别的模型。另外，在时间维度上增加截面维度，将更大可能识别残差中的序列相关和条件变量变化时调整的滞后特征，而不必对参数施以先验设定，或者在测度误差约束下识别某个模型（刘仕国，2012）。另外，可以通过对样本观察值进行差分、引入虚拟变量、给定外生变量假定不可观察效应的条件分布等方式减少或消除估计误差。更重要的是面板数据允许研究人员分析大量的用横截面数据或时间序列数据无法处理的重大经济问题（萧政，2012）。

二、面板数据分析的一般模型

面板数据模型的基本假设可称为参数齐性假设，即经济变量 y 由某一参数的概率分布函数 $p(y\mid\theta)$ 产生。其中，θ 是 m 维实向量，在所有时刻对所有个体均相等，违背假定的情况通常有参数非齐性偏差和选择性偏差。参数的非齐性包括截面单元参数 θ 的非齐性和时间序列参数非齐性。选择性偏差主要是因为样本并非从总体随机抽取。

一般线性数据合成模型可表示为：

$$y_{it} = \alpha_{it} + \beta'_{it} x'_{it} + \varepsilon_{it}, i = 1,2,\cdots N, t = 1,2,\cdots,T \quad (6-1)$$

其中，α_{it}为常数项；外生变量$x'_{it} = (x_{1it}, x_{2it}, \cdots, x_{Kit})$；参数向量$\beta'_{it} = (\beta_{1it}, \beta_{2it}, \cdots, \beta_{Kit})$；$K$是外生变量个数；$N$为截面单位总数；$T$为时期总数。随机扰动项$\varepsilon_{it}$相互独立且满足零均值，同方差。$\alpha_{it}$和$\beta'_{it}$都包含时间和截面效应，$\alpha_{it}$可进一步拆分成总体效应和个体效应之和。

$$\alpha_{it} = \alpha + \delta_i + \varphi_t \quad (6-2)$$

α表示总体效应，$\delta_i + \varphi_t$表示个体效应，其中δ_i为截面效应，φ_t为时间效应。

假设时间参数齐性，即参数满足时间一致性，即参数不随时间不同而变化，则模型（6-1）可写为：

$$y_{it} = \alpha_i + \beta'_i x'_{it} + \varepsilon_{it} \quad (6-3)$$

通常模型（6-3）被称为变系数模型（variable coefficient）。

参数α_i，β'_i都是个体时期恒量（individual time–invariant variable），其取值只受到截面单元不同的影响，在参数不随时间改变的情况下，截距和斜率参数可以有如下假设：

假设1（H_{01}）：回归斜率系数相同（齐性）但截距不同，即有

$$\beta_1 = \beta_2 = \cdots = \beta_K$$

模型变为：

$$y_{it} = \alpha_i + \beta' x'_{it} + \varepsilon_{it} \quad (6-4)$$

通常模型（6-4）被称为变截距模型（variable intercept）。

假设2（H_{02}）：回归斜率系数和截距都相同，则有

$$\alpha_1 = \alpha_2 = \cdots = \alpha_N, \beta_1 = \beta_2 = \cdots = \beta_K$$

模型变为：

$$y_{it} = \alpha + \beta' x'_{it} + \varepsilon_{it} \quad (6-5)$$

基于但斜率不同时，考虑截距相同无实际意义，因此未考虑斜率非齐性而截距齐性的假设条件。

变系数模型（6-3）和变截距模型（6-4）都有固定效应和随机效应之分，并分别对应不同的参数估计方法，模型中的截面单元和时期也可以有两种

效应，即式（6-2）中截面效应固定，时期效应随机；或截面效应随机，时期效应固定。以上两种情形的随机效应只有在数据平衡的条件下才可以估计。

区分固定效应和随机效应的标准在于推论是否以样本自身特性为条件。以变截距模型为例：

$$y_{it} = \alpha_i + \beta' x'_{it} + \varepsilon_{it}$$

个体恒量 α_i 表示截面单元的个体特性，反映模型中体现的个体差异，个体时期变量（individual time - varying variable）ε_{it} 代表模型中随截面和时序同时变化的因素的影响。一般情况下，模型中还可以存在时间个体恒量 λ_t。将个体特性（α_i）和时间特性（λ_t）当做未知常数即为固定效应模型；将个体特性（α_i）和时间特性（λ_t）视为如同 ε_{it} 一样的随机变量，则为随机效应模型。

易丹辉认为如果研究者仅仅以样本自身效应为条件进行研究，宜使用固定效应模型，如果以样本对总体效应进行推论（marginal inference），则应采用随机效应模型。这一原则也适用于变系数模型（易丹辉，2014）。张晓峒认为随机效应模型和固定效应模型各有优缺点。随机效应模型的好处是节省自由度。对于从时间序列和截面两方面上看都存在较大变化的数据，随机效应模型能明确地描述出误差来源的特征。固定效应模型的好处是很容易分析任意截面数据所对应的因变量与全部截面数据对应的因变量均值的差异程度。此外，固定效应模型不要求误差项中的个体效应分量与模型中的解释变量不相关。

区分固定效应模型和随机效应模型可以检验使用两者的假设条件是否满足，由于随机效应模型把个体效应视为干扰项的一部分，要求解释变量和个体效应不相关，而固定效应模型并不需要这个假设条件。所以如果我们的检验结果满足这个假设，就采用随机效应模型，反之，就采用固定效应模型。

另一种常见的观点认为，当样本来自较小的母体时，应该使用固定效应模型，而当样本来自一个很大的母体时，应当采用随机效应模型。比如在研究中国城乡收入差距过程中，我们以全国的各省区为研究对象，可以认为这些省区几乎代表了整个母体，同时也假设在各省区经济结构，人口因素等不可观测的特征性因素是固定不变的，因此采用固定效应模型比较合适。

三、面板数据模型的检验

(一) 面板数据单位根检验

一般而言,面板数据模型在回归前需检验数据的平稳性,只有 Panel Data 模型中的数据是平稳的才可以进行回归分析,否则容易产生"虚假回归"。李子奈曾指出,一些非平稳的经济时间序列往往表现出共同的变化趋势,而这些序列之间本身不一定有直接的关联,若对这些数据进行回归,尽管有较高的 R^2,但其结果是没有任何实际意义的,称为虚假回归或伪回归(spurious regression)。他认为平稳的真正含义是:一个时间序列剔除了不变的均值(可视为截距)和时间趋势以后,剩余的序列为零均值、同方差,即白噪声。因此单位根检验时有三种检验模式:既有趋势又有截距、只有截距、以上都无。为了避免伪回归,确保估计结果的有效性,我们必须对各面板序列的平稳性进行检验。而检验数据平稳性最常用的办法就是单位根检验。我们可以先对面板序列绘制时序图,以粗略观测时序图中由各个观测值描出代表变量的折线是否含有趋势项和(或)截距项,从而为进一步的单位根检验的检验模式做准备。

在非平稳的面板数据渐进过程中,Levin and Lin (1993) 很早就发现这些估计量的极限分布是高斯分布,这些结果也被应用在有异方差的面板数据中,并建立了对面板单位根进行检验的早期版本。后来经过 Levin 等 (2002) 的改进,提出了检验面板单位根的 LLC 法。该方法允许不同截距和时间趋势,异方差和高阶序列相关,适合于中等维度(时间序列介于 25~250,截面数介于 10~250)的面板单位根检验。Im 等 (1997) 还提出了检验面板单位根的 IPS 法,但 Breitung (2000) 发现 IPS 法对限定性趋势的设定极为敏感,并提出了面板单位根检验的 Breitung 法。Maddala and Wu (1999) 又提出了 ADF – Fisher 和 PP – Fisher 面板单位根检验方法。总而言之,面板单位根检验方法有 5 种:LLC 检验、IPS 检验、Breintung 检验、ADF – Fisher 检验和 PP – Fisher 检验,前两种是相同根情况下的单位根检验方法,后三种是不同单位根情况下的检验方法。若 Panel Data 为平稳的,则可进行回归分析。

(二) Huasman 检验和 F 检验

Huasman 检验的目的为检验 Panel Data 模型是随机效应模型还是固定效应模型。原假设：模型是存在随机效应的；备择假设：模型存在固定效应，运行固定效应模型和随机模型，并保存估计，然后进行测试。如果 p 值是显著的（$p<0.05$），使用固定效应，如果不显著则使用随机效应[①]模型。

F 检验的目的是判定需要拟合的模型形式。协方差分析是最常用来识别抽样变异性来源的工具，可以利用如下协方差分析构造式所示的检验统计量。

$$F_2 = \frac{(S_3 - S_1)/[(N-1)(k+1)]}{S_1/(NT - N(k+1))} \sim F[(N-1)(k+1), N(T-k-1)] \tag{6-6}$$

$$F_1 = \frac{(S_2 - S_1)/[(N-1)k]}{S_1/(NT - N(k+1))} \sim F[(N-1)k, N(T-k-1)] \tag{6-7}$$

其中，S_1，S_2，S_3 分别为式（6-3），式（6-4）和式（6-5）的残差平方和，K 是外生变量个数；N 为截面单位总数；T 为时期总数。令：

$$\omega_{xx,i} = \sum_{i=1}^{T}(x_{it} - \bar{x}_i)(x_{it} - \bar{x}_i)'$$

$$\omega_{xy,i} = \sum_{i=1}^{T}(x_{it} - \bar{x}_i)(y_{it} - \bar{y}_i)$$

$$\omega_{yy,i} = \sum_{i=1}^{T}(y_{it} - \bar{y}_i)^2$$

则有：

$$S_1 = \sum_{i=1}^{N}(\omega_{yy,i} - \omega'_{xy,i}\omega_{xx,i}^{-1}\omega_{xy,i}) \tag{6-8}$$

令 $\omega_{yy} = \sum_{i=1}^{N}\omega_{yy,i}, \omega_{xy} = \sum_{i=1}^{N}\omega_{xy,i}, \omega_{xx} = \sum_{i=1}^{N}\omega_{xx,i}$

则有：

$$S_2 = \omega_{yy} - \omega'_{xy}\omega_{xx}^{-1}\omega_{xy} \tag{6-9}$$

令 $T_{xx} = \sum_{i=1}^{N}\sum_{t=1}^{T}(x_{it} - \bar{x})(x_{it} - \bar{x})'$

[①] Oscar Torres – Reyna, "Getting Started in Fixed/Random Effects Models using R", Data & statistcal services, 2010, P16.

$$T_{xy} = \sum_{i=1}^{N} \sum_{t=1}^{T} (x_{it} - \bar{x})(y_{it} - \bar{y})$$

$$T_{yy} = \sum_{i=1}^{N} \sum_{t=1}^{T} (y_{it} - \bar{y})^2$$

则有：

$$S_3 = T_{yy} - T'_{xy} T_{xx}^{-1} T_{xy} \qquad (6-10)$$

在零假设 H_{01} 和 H_{02} 下，统计量 F_1 和 F_2 服从特定自由度的 F 分布。如果 F_2 大（等）于某置信度（如95%）下的同分布临界值，则拒绝 H_{02}，应继续检验，找出非齐性来源；反之如果拒绝，采用模型（6-5）进行拟合样本。

在已确定参数存在非齐性的基础上，如果 F_1 大（等）于某置信度（如95%）下的同分布临界值，则拒绝 H_{01}，应选择用模型（6-3）即变系数模型；反之，用模型（6-4）即变截距模型进行拟合样本。

同理，可以假定参数是时期个体恒量（period individual – invariant variable），即特定时期，参数值不随截面单元的不同而变化，只因时间变动而变化，只需对回归系数做时间齐性检验。除非两种检验均表明不能拒绝回归系数齐性的原假设，否则直接用 OLS 估计将是有偏的（易丹辉，2014）。

四、本书模型设计

1955 年，西蒙·库兹列茨基于对英、美、德等国家的历史数据分析整理得出，随着经济发展，这些国家的收入分配不平等状况经历了先扩大后缩小的过程，即国家收入差距与经济发展之间存在倒"U"形关系，被称为"库兹列茨曲线"。经济学家们对此展开了争论，一部分学者认为库兹列茨曲线真实存在，另一部分学者通过理论或实证对其提出了质疑。库兹列茨本人并不认为收入差距会无条件的随经济发展先上升后下降，反而指出收入差距变化是由政治、经济、社会和人口等多重条件交互作用的结果。他探讨了若干因素对收入差距的影响，并发现在一定条件下，工业化和城市化导致农业人口向非农业部门和城市转移可能首先扩大收入差距，但更长期会缩小收入差距，另外收入差距上升也与贫富阶层不同的储蓄率及工业化早期储蓄向资本转化有关，税收、西方工业国家的人口增长模式等变化都是影响收入差距的重要因素。

第六章 对外贸易、外商直接投资对城乡收入差距的实证分析

国内学者王小鲁以非线性模型来检验收入差距与经济发展水平之间的是否存在倒"U"形关系（王小鲁等，2005）。固定效用模型为：$RUD_{it} = C_i + c1lnY_{it} + c2(lnY_{it})^2 + \varepsilon_{it}$ 其中 RUD_{it} 表示第 i 省第 t 年的城乡收入比，lnY_{it} 是人均 GDP 的对数，C_i 是对应于 i 省的截距，ε_{it} 是误差项。随机效用模型为：$RUD_{it} = C + c1lnY_{it} + c2(lnY_{it})^2 + \varepsilon_{it}$ 其中 RUD_{it} 表示第 i 省第 t 年的城乡收入比，lnY_{it} 是人均 GDP 的对数，C_i 是对应于 i 省的截距，ε_{it} 是误差项。何枫（2009）以库兹列茨模型及全国各省面板数据为基础，引入外商直接投资及外商直接投资的平方项及其他控制变量进行研究，认为引入外商直接投资平方项的估计结果优于一次项引入的模型估计结果。

从计量经济学的角度来看，引入平方项能使我们观察到城乡收入差距与人均 gdp、对外贸易、外商直接投资、固定投资及人均受教育年限之间是否存在"U"形或倒"U"形关系，若各平方项系数通过显著性检验，那么只凭借正相关或负相关来描述其与城乡收入差距的关系就远远不够了。因此，为更好的分析验证对外贸易、外商直接投资对收入差距的影响，本章引入各人均国内生产总值（GDP）、外资依存度、进口或/和出口依存度、固定投资率、人均受教育年限的平方项，模型设计如下：

$$lnRUD_{it} = C_0 + C_1 lnY_{it} + C_2(lnY_{it})^2 + C_3 open_{it} + C_4(open_{it})^2 + C_5 open'_{it}$$
$$+ C_6(open'_{it})^2 + C_7 FDI_{it} + C_8(FDI_{it})^2 + C_9 K_{it} + C_{10}(K_{it})^2$$
$$+ C_{11} edu_{it} + C_{12}(edu_{it})^2 + \varepsilon_{it} \qquad (6-11)$$

各个变量的具体解释如下：

RUD_{it}：表示第 i 省第 t 年的城乡收入比，即城镇人均可支配收入/农村人均纯收入；

Y_{it}：表示第 i 省第 t 年的人均地区生产总值，单位：元，代表各个地区的人均收入，并用以 1997 年为基期的人均 GDP 指数进行平减，以消除价格因素的影响；

$open_{it}$：表示第 i 省第 t 年贸易开放度之进口开放度，进口开放度 = 进口总额/地区生产总值；

$open'_{it}$：表示第 i 省第 t 年贸易开放度之出口开放度，出口开放度 = 出口总额/地区生产总值；

FDI_{it}：表示第 i 省第 t 年外资开放度，外资开放度 = 外商实际投资额/地区生产总值；

K_{it}：表示第 i 省第 t 年固定投资率，固定投资率 = 固定投资/地区生产总值；

edu_{it}：表示第 i 省第 t 年教育水平，用人均受教育年限衡量，以反映人力资本水平对经济的影响，平均受教育年限 = 小学程度人口所占比重 ×6 + 初中程度人口所占比重 ×9 + 高中程度所占比重 ×12 + 大专以上文化程度人口所占比重 ×16（各个地区统计人口为 6 岁及以上人口）；

C：表示常数项；

ε_{it}：表示误差项。

第二节 模型估计结果

一、模型变量描述性统计

模型中变量描述统计如表 6-1 所示：

表 6-1　　　　　　　　变量描述性统计

变量	样本量	均值	标准差	最小值	中位数	最大值
Y（人均 gdp）	510	8 018.114	12 101.29	250.7214	3 666.762	95 042.79
OPEN（进口依存度）	510	0.15478	0.239014	0.005148	0.054561	1.338366
OPEN'（出口依存度）	510	0.161148	0.189695	0.014832	0.069284	0.905325
FDI（外资依存度）	480	0.02896	0.026185	0.000681	0.020255	0.151659
K（固定投资率）	510	0.230792	0.064135	0.108424	0.220696	0.460915
EDU（平均受教育年限）	480	8.118379	1.064466	4.906216	8.123754	12.02836

根据表 6-1 中的均值和中位数统计，我们将人均 GDP（Y）、进口依存度，出口依存度，外资依存度，及平均受教育年限做适当的中心化处理如下：

lnY = ln(人均 GDP) – ln(8 000)

OPEN = 进口依存度 – 0.15

OPEN' = 出口依存度 – 0.15

FDI = 外资依存度 - 0.03

EDU = 平均受教育年限 - 8

经过如上处理，回归模型的截距项（C）将有实际意义，C 代表变量：人均 GDP 为 8 000，进口依存度为 0.15，出口依存度为 0.15，外资依存度为 0.03，平均受教育年限为 8 年时的 lnRUD（城乡居民收入差距）。

二、回归模型选择及结论

（一）全要素城乡收入差距模型

模型中变量回归结果如表 6-2 所示：

表 6-2　　　　　　　　全要素城乡收入差距模型回归结果

变量	混合估计模型	固定效应模型	随机效应模型
截距	1.01 (73.23)***	1.21 (52.47)***	1.04 (25.69)***
ln Y (gdp)	0.03 (2.82)**	-0.03 (-1.99)*	-0.04 (-2.52)*
(ln Y)^2	0.02 (5.64)***	0.00 (1.42)	0.00 (1.26)
OPEN (进口)	0.16 (1.15)	0.47 (3.35)***	0.30 (2.30)*
(OPEN)^2	-0.10 (-0.76)	-0.27 (-2.73)**	-0.18 (-1.86)·
OPEN' (出口)	-0.53 (-4.87)***	-0.25 (-2.23)*	-0.26 (-2.40)*
(OPEN')^2	1.27 (7.96)***	0.44 (2.87)**	0.52 (3.50)***
FDI	-3.17 (-7.05)***	-1.06 (-2.54)*	-1.36 (-3.33)***
(FDI)^2	32.01 (4.98)***	7.23 (1.54)	8.92 (1.91)·
K (固定投资)	0.58 (13.02)***	0.17 (4.23)***	0.21 (5.42)***
(K)^2	-1.24 (-7.23)***	-0.93 (-9.28)***	-0.96 (-9.54)***
EDU	-0.08 (-9.06)***	0.07 (6.65)***	0.06 (6.37)***
(EDU)^2	0.00 (-0.15)	-0.01 (-3.31)**	-0.01 (-3.33)***
样本量	475	475	462
自由度	14	43	15
logLik	315.08	627.8	507.48
AIC	-602.16	-1 169.6	-984.96
BIC	-543.87	-990.58	-922.93

注：括号内的值为 T 值，"·，*，**，***"分别表示 10%，5%，1% 及 0.1% 的显著性水平。

根据模型拟合结果可以得出如下结论：

在混合效应模型中，变量进口依存度、进口依存度的平方项、平均受教育年限的平方项对城乡收入差距的影响（lnRUD）是不显著的，其他变量均对城乡居民收入差距（lnRUD）显著。

在固定效应模型中，人均国内生产总值的平方项$(lnY)^2$，外商直接投资的平方项$(FDI)^2$对城乡居民收入差距的影响不显著，即表明人均国内生产总值及外商直接投资与城乡收入差距的效应是线性关系，而非二次效应。其他变量对城乡居民收入差距的影响均显著，且都存在二次效应。

在随机效应模型中，人均国内生产总值的平方项$(lnY)^2$，对城乡居民收入差距的影响不显著，即表明人均国内生产总值城乡居民收入差距的效应是线性关系，而非二次效应。其他变量对城乡居民收入差距的影响均显著，且都存在二次效应。

根据模型估计的结论可以看出，以上三个模型估计结论基本能够刻画出各变量与城乡居民收入差距的关系即影响。本书针对不显著项进行筛选剔除。

（二）筛选后的城乡居民收入差距模型

通过对显著变量进行逐一剔除之后，各模型估计结果如表6-3所示：

表6-3　　　变量筛选后的城乡收入差距模型回归结果

变量	混合估计模型（ols）	固定效应模型	随机效应模型
截距	1.01（84.67）***	1.22（53.36）***	1.03（26.98）***
lnY	0.03（3.98）***	-0.04（-3.03）**	-0.05（-3.93）***
$(lnY)^2$	0.02（7.19）***		
OPEN		0.50（3.52）***	
$(OPEN)^2$		-0.27（-2.70）**	
OPEN'	-0.47（-5.25）***	-0.27（-2.48）*	
$(OPEN')^2$	1.28（8.14）***	0.41（2.75）**	0.35（4.36）***
FDI	-3.01（-6.97）***	-0.83（-2.94）**	-1.74（-4.77）***
$(FDI)^2$	32.51（5.09）***		11.66（2.54）*
K	0.57（13.42）***	0.17（4.45）***	0.24（6.28）***

续表

变量	混合估计模型（ols）	固定效应模型	随机效应模型
$(K)^2$	-1.27（-7.44）***	-0.93（-9.28）***	-0.96（-9.86）***
EDU	-0.07（-9.96）***	0.07（6.68）***	0.06（6.65）***
$(EDU)^2$		-0.01（-3.31）***	-0.01（-2.82）**
样本量	475	475	466
自由度	11	41	11
logLik	314.12	624.89	512.06
AIC	-606.24	-1 167.77	-1 002.13
BIC	-560.44	-997.08	-956.54

根据模型拟合结果可以得出如下结论：

在全要素混合效应模型中，变量进口依存度及进口依存度的平方项，及平均受教育年限的平方项对城乡收入差距的影响（lnRUD）是不显著的，其他变量均对城乡居民收入差距（lnRUD）显著，故因此对混合估计模型中进口依存度的一次项及平方项、平均受教育年限的平方项进行剔除，其他变量均在0.1%的显著性水平通过检验。

在全要素固定效应模型中，人均国内生产总值的平方项（lnY）^{2}，外商直接投资的平方项（FDI）^{2}对城乡居民收入差距的影响不显著，故对这两项进行剔除，通过变量筛选之后，其他各要素均显著影响城乡居民收入差距。平方项的剔出表明人均国内生产总值及外商直接投资与城乡收入差距的效应是线性关系，而非二次效应。其他变量对城乡居民收入差距的影响均显著，且都存在二次效应。

在全要素随机效应模型中，人均国内生产总值的平方项（lnY）^{2}，对城乡居民收入差距的影响不显著，即表明人均国内生产总值城乡居民收入差距的效应是线性关系，而非二次效应。其他变量对城乡居民收入差距的影响均显著，且都存在二次效应。因此对人均国内生产总值的平方项（lnY）^{2}进行剔除，并且逐步对10%显著性水平下的个变量剔除后，各变量均在5%的显著性水平下通过检验。

（三）模型选择——豪斯曼检验

根据前文关于混合效应模型（OLS）、固定效应模型及随机效应模型的特点，结合本书研究需要及数据搜集的基本情况，本书认为固定效应模型和随机效应模型更有助于刻画和解析个要素变量对城乡居民收入差距的影响，但固定效应和随机效应哪一个模型更优呢，本书选用学界推崇的豪斯曼检验方法来进行选择。

通过 R 软件分别对固定效应模型和随机效应模型进行估计，豪斯曼检验结果如下：

Hausman Test

data：城乡收入比 ~ 人均 GDP + I（人均 GDP^2）+ 进口依存度 + …

chisq = 2.2876，df = 12，p - value = 0.9988

alternative hypothesis: one model is inconsistent

原则：如果 p 值小于 0.5，应选择固定效应模型，反之选用随机效应模型。

根据豪斯曼检验结果，p 值为 0.9988 大于 0.5，因此适合选用随机效应模型的结论。

（四）筛选优化后的随机效应模型结论

根据豪斯曼检验结果及模型相关指标以及图示，本书认为随机效应模型更能刻画对外贸易、外商直接投资等因素对城乡居民收入差距的影响，随机效应模型估计结果为：

$$lnRUD_{it} = 1.03 - 0.05 lnY_{it} + 0.35 (open'_{it})^2 - 1.74 FDI_{it} + 11.66 (FDI_{it})^2$$
$$+ 0.24 K_{it} - 0.96 (K_{it})^2 + 0.06 edu_{it} - 0.01 (edu_{it})^2$$

鉴于本书重在研究贸易开放、外国直接投资对城乡居民收入的影响，因此我们主要对贸易和外国直接投资变量加以分析。根据模型输出结果，可得出以下结论：

第一，城乡收入差距与人均国内生产总值存在显著的负相关关系，城乡收入差距随着人均国内生产总值的增加而缩小。并且根据随机效应模型验证可知，城乡收入差距与人均国内生产总值并不存在倒"U"形关系，这表明我国

第六章 对外贸易、外商直接投资对城乡收入差距的实证分析

城乡收入差距与人均国内生产总值不遵循库兹列茨假说。

第二，城乡收入差距与对外贸易的关系是显著的，本书采用进口依存度和出口依存度分别对城乡收入比进行数据分析，三个模型均显示出口对城乡收入差距存在显著影响，且并不是线性关系，而是二次曲线效应（见图6-2）。出口依存度的平方项的系数为正（出口依存度的取值大于0小于1），表明我国城乡收入差距随着出口依存度的增加，呈现出先降低后升高的过程，即一定区间内缩小城乡收入差距，达到拐点后，会拉大城乡居民收入差距，三个模型给出的拐点值有所不同，根据豪斯曼检验及其他模型指标，本书认为随机效应模型结果更值得信任。拐点值应在出口依存度为47.8%。即在此之后，随着出口依存度的提高，城乡收入差距随之拉大，出口依存度降低城乡收入差距亦随之缩小。

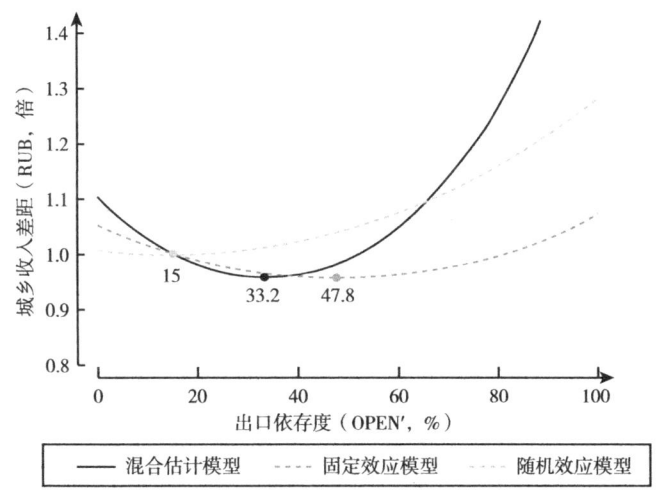

图6-2 城乡收入差距与出口依存度的关系

注：关于对外贸易、外商直接投资与城乡居民收入的关系图是依据在其他因素条件不变的情况下，（即根据变量描述统计表中位数、均值为依据，变量取值为中心化取值标准）城乡收入差距随进口依存度、出口依存度、外资依存度变化情况的描述，因本书主要研究对外贸易、外商直接投资对城乡居民收入差距的影响，其他因素对城乡差距的影响图示未涉及。

进口贸易方面，筛选后的混合效应模型及随机效应模型均显示出口对城乡收入差距的影响不显著，固定效应模型显示出口收入差距存在倒"U"形特征的左半部分（因为进口依存度的取值区间为大于0小于1），城乡居民收入差

距与进口依存度的关系如图6-3所示,表明进口贸易会恶化城乡输入差距。本书基于豪斯曼检验结果,采用随机效应模型结论,因此本书忽略固定效应模型关于进口影响城乡收入差距的结论。

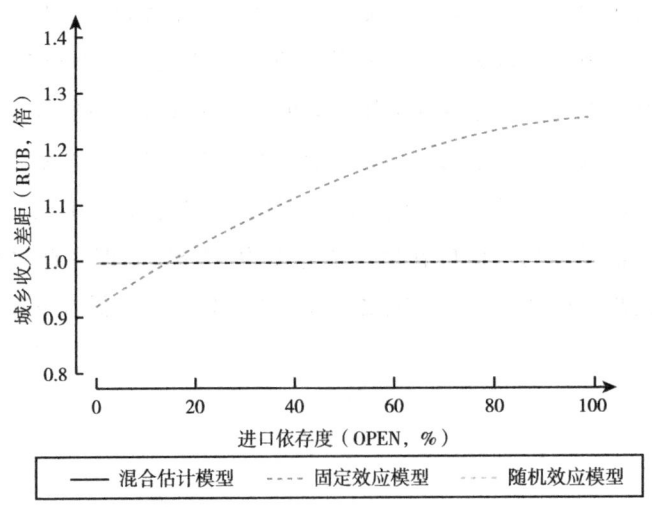

图6-3 城乡收入差距与进口依存度的关系

第三,城乡收入差距与外商直接投资的关系不能简单用拉大或缩小来解释。随机效应模型中,外商直接投资的二次项为正,一次项为负,外资依存度约为10.5%(实际使用外资占人均国内生产总值的比例)时,城乡收入差距最小,即表明在其他因素不变的条件下,城乡收入差距先随着外资依存度增加而降低,当外资依存度大于10.5%之后,城乡收入差距随着外资依存度增加而拉大。外商直接投资在初期缩小了城乡收入差距,随着外资入境放开,外资占比增加以后,外资引入缩小收入差距的效应逐渐减弱,当外资依存度高于10.5%以后,反而会拉大城乡收入差距(见图6-4)。

另外,城乡收入差距与固定投资率之间存在倒"U"形关系,城乡收入差距随着固定投资的增加而拉大,当固定投资增加到一定程度之后,城乡收入差距与固定投资呈现反向变化,即随着固定投资的增加而缩小。城乡收入差距与平均受教育程度之间存在正相关关系,平均受教育程度具有拉大城乡收入差距的效应。

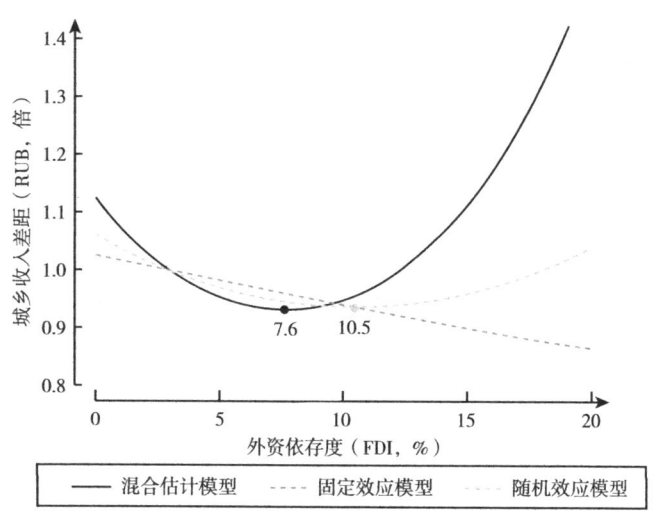

图 6-4 城乡收入差距与外商直接投资的关系

三、模型结论分析

（一）关于贸易影响城乡收入差距的结论分析

本书认为关于对外贸易对城乡收入差距的影响应一分为二来看，根据调整优化后的随机效应模型结论，出口贸易对城乡收入差距的影响呈现"U"形特征，这表明在出口依存度较低的初期，出口贸易对居民城乡收入差距具有改善的作用，当出口依存度高于47.8%时，出口贸易表现出拉大城乡收入差距的特征。

第一，在初期阶段（出口依存度小于47.8%），就业拉动机制和商品价格机制可以较好解释出口贸易对城乡收入差距的改善作用。斯托尔帕—萨缪尔森定理（S-S定理）揭示了产品和要素的相对价格之间的相互关系，以及自由贸易对不同贸易集团的福利影响，为国际贸易的政治经济分析奠定了基础。该定理认为：当一国进行自由贸易时，要素价格或报酬的变动将取决于产品价格变化方向和产品要素密集度，一种产品的相对价格上升，将会提高该产品密集使用的生产要素的实际价格或实际报酬，同时降低另一种生产要素的实际价格或实际报酬。如果将该理论应用到现实社会中发展中国家和发达国家：在发展中国家的劳动力相对充裕，资本相对稀缺，通过对外贸易出口劳动力密集型产品，进口资本密集型产品，会提高劳动力要素的报酬或者价格，降低资本要素的报酬或者价格，居民收入分配有利于劳动力要素，缩小了居民收入差距。发展中国家实施对外开放、出口促进的贸易政策对就业的促进作用比进口替代政策更显著，贸易促进就业增长的三种情形：（1）贸易能够优化资源配置，推动整体经济的增长，从而有可能促进就业增长；（2）一国实施出口促进战略时，出口行业增长较快，而进口替代行业将面临更大的压力，如果某个行业单位产出或增加值的就业人数比其他行业高，那么，该行业的就业增长率也较高；（3）贸易政策会影响到所有行业技术的选择，以及资本与劳动力的比例。对外贸易的就业拉动机制消化了我国农村地区的大量农村剩余劳动力，极大程度提高了农民收入，从而缩小了城乡居民收入差距。

第二，在对外贸易高速发展阶段（出口依存度大于47.8%），对外贸易技术进步机制、劳动力市场弹性机制很好解释了出口贸易拉大城乡收入差距的原因。从贸易对城乡居民收入的影响来看，对于农村居民而言，对外贸易会导致我国劳动密集型产品出口的增加，这不仅包括劳动密集型的工业产品，也包括劳动密集型的农业产品。因为我国是土地资源短缺的国家，土地密集型的农产品在国际市场上不具有竞争优势，所以我国的优势在于劳动力资源丰富，发展水海产品、畜禽产品、园艺产品等劳动密集型的农产品出口成为我国出口的策略重点。也就是说贸易所带来的工业品和农产品生产的增加，通过要素价格机制增加了对城镇和农村劳动力的需求，根据要素价格机制，这必然会提高城镇和农村劳动力的收入。从技术进步机制来看，贸易会带来"贸易导向型技术进步"，带来生产效率的提高，城镇和农村居民收入的提高从劳动力市场弹性机制出发，贸易自由化所带来的劳动力市场弹性的增加，会引致劳动力收入的改变，从我国出口产品结构来看，无论是劳动密集型的工业品还是劳动密集型的农产品，都带来了对城镇和农村非技术劳动力需求弹性的增加，导致劳动力工资富有弹性，收入增加。

出口贸易对城乡居民收入差有扩大作用，这与城乡劳动力构成有关系，农村劳动力普遍是非技术型劳动力，城镇劳动力具有非常明显的技能差异，有富有很高技能的技术密集型劳动力，如技术开发人员、金融从业人员、医药研发人员、高级管理人员等，也有技能相对低下的非技术密集型劳动力，如一般职员、工人。本书认为对外贸易技术进步机制、劳动力市场弹性机制能更好地解释开放对于城乡居民收入差距的扩大效应,一方面对外贸易的技术进步机制和外资的技术外溢机制,会提升城镇技术密集型产业的技术进步,增加了对技术密集型人才的需求,导致城镇技术劳动力收入的提高,进而拉开了与农村非技术劳动力收入的差距;另一方面,开放会带来劳动力市场弹性的增加,因为我国是非技术劳动力供给充裕而技术劳动力稀缺的国家,因此对技术型劳动力的市场弹性增加要大于非技术型劳动力,导致高技术人才可以获得更高的收入,拉开了收入差距。

(二)关于外商直接投资影响收入差距的结论分析

从外商直接投资对居民收入影响来看,外国直接投资一方面直接增加了对劳动力的需求,更重要的是外国直接投资通过技术外溢,包括竞争与示范效应、产业联系和人力资本流动,促进了我国技术进步,提高了生产效率,进而提升劳动力的工资水平。从对城乡之间收入差距的计量结果来看,外资引进初期,外资开放有利于缩小城乡之间居民收入差距,发展中国家的开放,带来非技术密集型产品生产的增加和技术密集型产品生产的减少,进而导致对非技术劳动(更多的是农村居民)要素需要的增加和技术劳动(更多的是城镇居民)要素需求的减少,非技术劳动要素价格出现上升而技术劳动要素价格趋于下跌,导致收入差距的缩小,这是典型的要素价格机制。然而,当外商直接投资引入达到一定比例,即当外商直接投资占人均国内生产总值的比例超过10.5%以后,随着经济环境变化,技术获得进一步长足发展,各产业对技术劳动需求更大,即对技术密集型产品的需求增加而劳动密集型产品需求减少(非技术密集型),这就直接导致技术劳动(更多的是城镇居民)要素需求增加,非技术劳动(更多的是农村居民)要素需求减少,根据要素价格机制,技术劳动要素价格上升非技术劳动要素价格下降,从而拉大收入差距。

第三节 本章小结

本章试图回答在贸易开放条件下,对外贸易和外商直接投资对中国城乡居民收入差距有着怎样的影响。本章对此问题进行了实证研究，实证模型结论表明对外贸易、外商直接投资对城乡收入差距都具有显著影响。

城乡收入差距与对外贸易的关系是显著的，本书采用进口依存度和出口依存度分别对城乡收入比进行数据分析，通过模型筛选优化本书认为进口对城乡收入差距的影响不显著，而出口对城乡收入差距存在显著影响。出口依存度的平方项的系数为正，表明我国城乡收入差距随着出口依存度的增加，呈现出先降低后升高的过程，即当出口依存度小于47.8%时，随着出口依存度的提高，城乡收入差距随之缩小，当出口依存度大于47.8%以后，出口依存度降低，城乡收入差距亦随之拉大。本书认为对外贸易的商品价格机制和就业拉动机制能较好解释贸易开放对城乡居民收入差距的缩小效应；技术进步机制、劳动力市场弹性机制和外资的技术外溢机制能更好地解释开放对于城乡居民收入差距的扩大效应。一方面，根据S-S定理，在发展中国家的劳动力相对充裕，资本相对稀缺，通过对外贸易出口劳动力密集型产品，进口资本密集型产品，会提高劳动力要素的报酬或者价格，降低资本要素的报酬或者价格，居民收入分配有利于劳动力要素，缩小了居民收入差距。对外贸易的就业拉动效应消化了我国农村地区的大量农村剩余劳动力，极大程度提高了农民收入，从而缩小了城乡居民收入差距。另一方面，随着对外贸易的不断发展，其技术进步机制和外资的技术外溢机制，会提升城镇技术密集型产业的技术进步，增加了对技术密集型人才的需求，导致城镇技术劳动力收入的提高，进而拉开了与农村非技术劳动力收入的差距。开放会带来劳动力市场弹性的增加，因为我国是非技术劳动力供给充裕，而技术劳动力稀缺的国家，因此对技术劳动力的市场弹性增加要大于非技术劳动力，导致高技术人才可以获得更高的收入，从而拉开了收入差距。

外商直接投资与城乡收入差距的关系不能简单描述为单向关联。随机效应模型结论显示：在其他因素不变的条件下，城乡收入差距随着外资依存度增加而降低，当外资依存度大于10.5%之后，城乡收入差距随着外资依存度增加而拉大。外商直接投资在初期缩小了城乡收入差距，随着外资入境放开，外资占比增加以后，外资引入缩小收入差距的效应逐渐减弱，当外资依存度高于10.5%以后，反而会拉大城乡收入差距。从外国直接投资对居民收入影响来看，外国直接投资一方面直接增加了对劳动力的需求，更重要的是外国直接投资通过技术外溢,包括竞争与示范效应、产业联系和人力资本流动,促进了我国技术进步,提高了生产效率,进而提升劳动力的工资水平。从对城乡之间收入差距的计量结果来看,外资引进初期,外资开放有利于缩小城乡之间居民收入差距,发展中国家的开放,带来非技术密集型产品生产的增加和技术密集型产品生产的减少,进而导致对非技术劳动(更多的是农村居民)要素需要的增加和技术劳动(更多的是城镇居民)要素需求的减少,非技术劳动要素价格出现上升而技术劳动要素价格趋于下跌,导致收入差距的缩小,这是典型的要素价格机制。然而,当外商直接投资引入达到一定比例,即当外商直接投资占人均国内生产总值的比例超过 10.5% 以后,随着经济环境变化,技术获得进一步长足发展,各产业对技术劳动需求更大,即对技术密集型产品的需求增加而劳动密集型产品需求减少(非技术密集型),这就直接导致技术劳动(更多的是城镇居民)要素需求增加,非技术劳动(更多的是农村居民)要素需求减少,根据要素价格机制,技术劳动要素价格上升非技术劳动要素价格下降,从而拉大收入差距。

第七章　主要结论及改善我国收入分配问题的对策思考

第一节　主要结论

一、关于对外贸易对城乡收入分配影响的结论

城乡收入差距与对外贸易的关系是显著的，本书采用进口依存度和出口依存度分别对城乡收入比进行数据分析，通过模型筛选优化本书认为进口对城乡收入差距的影响并不显著，而出口对城乡收入差距存在显著影响。出口依存度的平方项的系数为正，出口贸易对城乡收入差距的影响呈现"U"形特征，表明我国城乡收入差距随着出口依存度的增加，呈现出先降低后升高的过程，即当出口依存度小于47.8%时，随着出口依存度的提高，城乡收入差距随之缩小；当出口依存度大于47.8%以后，城乡收入差距随之拉大。

本书认为对外贸易的商品价格机制和就业拉动机制能较好解释贸易开放对城乡居民收入差距的缩小效应；技术进步机制、劳动力市场弹性机制和外资的技术外溢机制能更好地解释开放对于城乡居民收入差距的扩大效应。一方面，根据S-S定理，在发展中国家的劳动力相对充裕，资本相对稀缺，通过对外贸易出口劳动力密集型产品，进口资本密集型产品，会提高劳动力要素的报酬或者价格，降低资本要素的报酬或者价格，居民收入分配有利于劳动力要素，缩小了居民收入差距。对外贸易的就业拉动效应消化了我国农村地区的大量农村剩余劳动力，极大限度提高了农民收入，从而缩小了城乡居民收入差距。另一方面，随着对外贸易的不断发展，其技术进步机制和外资的技术外溢机制，会提升城镇技术密集型产业的技术进步，增加了对技术密集型人才的需求，导

致城镇技术劳动力收入的提高,进而拉开了与农村非技术劳动力收入的差距。开放会带来劳动力市场弹性的增加,因为我国是非技术劳动力供给充裕,而技术劳动力稀缺的国家,因此对技术劳动力的市场弹性增加要大于非技术劳动力,导致高技术人才可以获得更高的收入,从而拉开了收入差距。

二、关于外商直接投资对城乡收入分配影响的结论

城乡收入差距与外商直接投资的关系不能简单用拉大或缩小来解释。随机效应模型中,外商直接投资的二次项为正,城乡收入差距与外资依存度的关系存在"U"形特征,外资依存度约为10.5%(实际使用外资占人均国内生产总值的比例)时,城乡收入差距最小,即表明在其他因素不变的条件下,城乡收入差距随着外资依存度增加而缩小;当外资依存度大于10.5%之后,城乡收入差距随着外资依存度增加而拉大。外商直接投资在初期缩小了城乡收入差距,随着外资入境放开,外资占比增加以后,外资引入缩小收入差距的效应逐渐减弱,当外资依存度高于10.5%以后,反而会拉大城乡收入差距。

从外商直接投资对城乡居民收入影响来看,外商直接投资一方面直接增加了对劳动力的需求,更重要的是外商直接投资通过技术外溢,包括竞争与示范效应、产业联系和人力资本流动,促进了我国技术进步,提高了生产效率,进而提升劳动力的工资水平。从对城乡之间收入差距的计量结果来看,外资引进初期,外资开放有利于缩小城乡之间居民收入差距,发展中国家的开放,带来非技术密集型产品生产的增加和技术密集型产品生产的减少,进而导致对非技术劳动(更多的是农村居民)要素需要的增加和技术劳动(更多的是城镇居民)要素需求的减少,非技术劳动要素价格出现上升而技术劳动要素价格趋于下跌,导致收入差距的缩小,这是典型的要素价格机制。然而,当外商直接投资引入达到一定比例,即当外商直接投资占人均国内生产总值的比例超过10.5%以后,随着经济环境变化,技术获得进一步长足发展,各产业对技术劳动需求更大,即对技术密集型产品的需求增加而劳动密集型产品需求减少(非技术密集型),这就直接导致技术劳动(更多的是城镇居民)要素需求增加,非技术劳动(更多的是农村居民)要素需求减少,根据要素价格机制,

技术劳动要素价格上升非技术劳动要素价格下降,从而拉大收入差距。

第二节 改善我国收入分配问题的对策思考

我国实施对外开放以来,积极采取以市场为导向各项改革措施,其中就包括贸易开放和外资开放。这些措施尽管极大地促进了经济增长,但并未对社会公平产生积极的影响。相反,由于忽略了经济发展中其他目标,导致相关保障政策的缺失,公平与效率间的冲突不断凸现。虽然我国曾有过一味强调平均主义目标而忽视效率问题的历史教训,但目前的收入分配问题让我们不得不正视公平的重要性,解决收入分配失衡问题迫在眉睫。

本书认为,我国现阶段改善收入分配失衡问题的政策目标在于保持国民收入持续增长和改善居民收入分配并重。首届诺贝尔经济学奖得主荷兰经济学家丁伯根提出关于一国经济政策与经济目标之间系统关系的基本法则。该原则认为达到一个经济目标,政府至少要运用一种有效的政策。若要实现若干经济目标,政府至少要运用该目标数量之上的独立、有效的经济政策。而如果试图用一种政策工具实现一种以上的政策目标时,则会产生目标之间的冲突,从而降低政策效率,甚至发生背离目标而出现更加失衡的状态。根据丁伯根原则,当目标大于政策工具的数量时是无解之题。本书认为丁伯根原则应作为解决我国收入分配失衡问题的政策设计基础。显然根据丁伯根原则,单独的再分配政策并不能完全实现上述政策目标。比如,再分配政策工具可能会改善居民收入分配,但对初次分配中的功能收入分配的问题,却力不从心,而且再分配政策还可能因高税收等原因不利于国民收入增长,带来治理中财政预算受到约束的问题。因此,针对我国现阶段政策目标,并考虑到复杂环境和政策外部性,本书认为多元政策组合必不可少。

具体而言,针对城乡居民收入分配问题和国民收入持续增长的目标,本书认为我国需要通过贸易、外资、劳动市场、税收、转移支付等政策组合运用来实现。

一、关于对外贸易方面的政策建议

本书的研究结论表明,对外贸易发展到一定时期会扩大中国的城乡居民收入差距,特别是出口贸易会拉大中国城乡居民收入差距,进口贸易对城乡居民收入差距的影响并不显著。因此,本书认为优化我国对外贸易结构对我国城乡收入分配问题改善具有重要意义。贸易开放对经济增长的促进作用,将为从根本上解决城乡居民收入差距问题奠定坚实的经济基础,因此持续扩大贸易开放的政策不能动摇。

保证农产品出口份额比例,优化外贸产品结构,提高农村居民收入水平。自改革开放以来,从我国对外贸易发展历程来看,对外贸易商品结构存在明显改变。我国出口商品贸易中,食品及主要供食用的活动物出口,矿物燃料、润滑油及有关原料出口,机械及运输设备出口和杂项制品出口占有较大比重。进口商品贸易中,食品及主要供食用的活动物进口,非食用原料进口,矿物燃料、润滑油及有关原料进口和运输设备商品进口占有较大比例。食品及主要供食用的活动物、机械运输设备的商品是劳动密集型商品,矿物燃料、润滑油及有关原料出口属于资本密集型商品。为改善劳动要素在收入分配中的天然弱势地位,适度提高劳动要素报酬占比,在出口贸易上的商品种类方面应实行差别化的贸易政策,依照其生产要素的密集程度有所侧重。应该适当加大对食品及主要供食用的活动物和机械运输设备的商品出口的政策刺激,而适度降低对矿物燃料、润滑油及有关原料和杂项中的商品出口刺激政策。

对外开放的模式应该适当地转变,要充分发挥劳动密集型产品的成本比较优势,开拓农产品贸易市场,使"三农"的发展也能受益于对外开放。逐步提高技术密集型产品在对外贸易中所占比重,这有助于国内产品升级换代,培育外贸竞争新优势,符合国家创新、升级外贸产品的宏观调控政策发展方向。但是,要适度保持劳动密集型产品的比重,积极引导低附加价值的传统劳动密集型产业向高附加值的新型劳动密集型产业转型,尤其是劳动密集型产品占主导的外贸农产品。这样能扭转贸易开放引致的不均衡的城乡劳动力需求,提高对农村非熟练劳动力的需求,从而提高劳动要素价格,从根本上增加农民收入。

二、关于外商直接投资方面的政策建议

我国引入外商直接投资的初衷包括引进其掌握的高新技术。根据模型拟合结果我们可以看出外商直接投资在引入初期,特别是其技术溢出效应为我国技术发展、生产率提高、经济增长做出了较大贡献,根据模型结果显示在引进外商直接投资初期,城乡居民收入差距获得了改善,本书认为,外商直接投资的就业机制可以较好解释这一现象。外商直接投资为我国带来了资本、先进技术和管理经验,同时带来了就业岗位,增加了就业需求特别是非熟练劳动需求,外商投资企业尽管大多驻地城镇,但却吸收了大量的农村剩余劳动力,由此改善了收入分配不平等的问题。但随着外资比例增加,据要素价格机制,技术劳动要素价格上升非技术劳动要素价格下降,从而拉大城乡居民收入差距。本书认为通过外商投资改善城乡居民收入分配问题可以从如下方面入手。

(一)加大农业利用外资的力度,增强农村市场对外资的吸引力

随着外商直接投资的发展,现阶段外商直接投资在一定程度上拉大了中国城乡居民收入差距,但对中国的经济增长作用仍毋庸置疑。应持续加大引进外资力度,同时注意合理调配引进外资的质量和结构。从缩小城乡居民收入差距的角度看,要增强农村市场对外资的吸引力。这不仅能够弥补农业投入的不足,同时国外的先进技术也能够推动农业结构调整和产业升级,促使传统农业向高效现代农业转化,带动农民就业和增收。

(二)优化投资环境,加强外资监管

我国的引进外资政策不断更新和外资进入的障碍不断减少,使得我国的外资的流入量不断增大。其他国家引资经验表明,一般东道国的投资环境越好,其引进的外资的规模和质量就越高,该国在引进外资的过程中受益越多。反之,若东道国的投资环境不好,外资的流入量降低,该国在外资流入中获得的利益自然受限。

我国经济的高速发展和需求市场的不断扩大,使得我国市场对于外国直接投资企业形成了巨大的吸引力,这也是我国在引入外资方面所具有的独特优

势。当然我国的投资环境也存在改善的余地。例如，我国市场经济的发展时间较短，政策法规和国际上一些通行的规范不尽相同。这些问题都给进入我国的外资企业带来了不便，而投资环境的改善涉及面广，改善过程复杂，是一项相对困难的任务。从目前来看，为了进一步优化我国的投资环境，应该建立健全我国的法律法规，加强知识产权意识，加大教育支出和人力资本的投入，加强基础设施建设，维护良好的市场运行秩序。为外资企业进入我国营造良好环境氛围的同时，也应该加强对外资企业的监督和管理，使得我国整体经济实力增强和经济体制改革顺利进行。

（三）优化引资结构，促进产业结构调整，改善居民收入分配问题

随着外资大量流入，外资进入的行业结构也对我国经济的影响越来越大，并且对我国居民的收入也产生了影响。通过对我国所引入外资的结构进行调整，可以促进产业结构优化升级，改善我国居民收入结构，从而改善城乡居民收入分配问题。从外资的来源情况来看，我国应加大对发达国家的外国直接投资引资力度，这是因为来自于发达国家，如美、英等国的外资往往拥有先进技术和管理经验，可以更有利于我国从中获得技术溢出的积极作用。从外资投向方面，立足我国丰富的劳动资源和劳动力教育结构，在承接技术密集型产业外商直接同时，合理引导外商直接投资投向劳动密集型产业，促进技术密集型产品和劳动密集型产品对相应劳动力要素的动态供需平衡，在兼顾公平的基础上，效率优先。为增强我国经济国际竞争力，早日跻身世界经济强国之列，应积极引进国外先进的技术、设备，鼓励国内产业进行结构转换与技术升级，坚持对外开放不断深化，追求产业结构不断升级，使产业结构升级速度与社会人力资本结构升级速度相协调。

三、基于收入分配本身的建议

由于我国基尼系数的连年上升，我国的收入差距过大问题越来越引起人们的关注，为此我们可以适当对收入分配政策做出调整。收入差距的拉大可能是因为经济发展中资源的优化配置所带来的，也可能由于不合理的经济制度造成的。我们对于收入分配政策的调节对后者改善作用较大，但对前者仅能起到缓

解作用。

（一）税制调节居民收入

税收是政府调节个人收入水平，缩小收入差距的主要手段之一。它可以通过税种、税基和税率对个人收入水平进行横向、纵向的调节，在很大程度上决定了个人的税后实际收入。

首先，个人所得税方面，积极推进综合所得税累进税制改革。个人所得税是许多国家的主体税种。个人所得税的累进性是指个人所应当缴纳的平均税率是随着其收入水平的上升而提高的。累进税率的特征使得它有助于调节收入不公的现状，缩小居民收入差距。根据美、英等较完善实施个人所得税的发达国家的官方数据显示，累进税制确实有助于减少收入差距，我国学者也通过实证研究验证了这一结论。目前我国的个人所得税实行的是分类制的个人所得税，存在所得税的规模偏小，税收累进度方面的设计有待改善，税收征管上存有漏洞等不足之处。对此，随着经济发展水平提高，居民个人收入增加，在居民的纳税意识不断增强的情况下，应积极采取改革措施，将分类所得税的累进税制改为综合所得税的累进税制，以便进一步对我国的收入状况进行调节。

其次，财产税方面，增加财产税种类，发挥财产税调节功能。财产税是对居民所拥有的财产进行课征的税收，具有平均财富，调节居民代际间收入的作用。中国现行的财产税包括房产税、车辆购置税、契税等。目前我国的财产类税收仍然存在：第一，财产类税收的种类较少，征收面狭窄，主要是对财产的拥有者征收，但是对于财产转让并未全部征税。第二，有关我国的财产类税收的法律法规仍不健全，有待进一步完善。与发达国家相比，我国财产类税收发挥的作用并不大，其调节收入的功能发挥得并不够。为了使我国的收入差距水平缩小，实现社会公平，我国可以采取开征遗产税和赠与税。开征遗产和赠与税可以防止少数人累积巨额社会财富，有利于社会整体福利水平的维持。从长远看，征收遗产税和赠与税，有利于促进社会效率和公平的形成，但在执行过程中，应注意税收起征点应较高，征收人群为少数的大量财富拥有者。

总体而言，进一步改善税收征管，加强税制改革，增加税种设置，都是缩小我国居民收入差距的有力手段，将会对我国的收入分配格局起到积极作用。

（二）健全市场经济体制、完善公共服务与社会保障制度

国内学者王小鲁指出，解决收入差距过大的问题，并不是像有些人主张的靠政府主导经济、靠扩大国有企业、靠限制市场的作用能够解决的。相反，首先需要通过经济体制改革，健全市场为主体的经济体制，鼓励公平竞争，反对利用权力进行垄断，防止权力和资本通过幕后交易互相结合，形成官僚垄断资本，同时要健全公共服务和社会保障体系。为了更好发挥社会保障制度在调节收入水平中的作用，我们可以通过以下几种方式对社会保障制度进行调整。

第一，可以对缴纳方式进行改革，用社会保障税的形式来代替直接缴纳的方式。这样既提高了法律效力，又使得人们从心理上更容易接受，还有利于对社会保障基金的收支情况进行统一管理，降低征收成本。

第二，应加强对社会弱势群体的关注，对于农民工来讲，影响农民工社会保障的一个根本障碍是城乡分割的户籍制度。农民工进城打工，长期把老人孩子留在农村，不能在城市安家落户，不能转变为城市居民，没有保障和福利，工作繁重、生活条件差、工资低，到了老年，只好回到农村，这也是目前城市劳动力短缺的一个重要原因。城市化是未来我国工业化的必经之路，还将要有更多的人转移到城市里来。但目前的户籍制度阻止他们在城市落户，限制了他们的保障、福利、子女升学等，阻碍城市化继续发展。解决长期在城市打工的农民工户籍、社会保障、住房和子女教育问题，需要增加社会保障和公共服务支出。

实践证明，公共服务及社会保障制度可以对社会收入分配进行有效的再次调节，缓解贫富差距过大的问题，使得社会收入分配渐渐趋向公平。因此，我们有必要对原有的社会保障制度进一步完善，使得我国居民的收入差距过大问题得到缓解。

（三）增加教育投入，调整教育结构

真正从根本上解决城乡居民收入分配问题，需使我国的教育支出更为公平，使低收入人群获得同等教育资源，获得人力资本积累的可能。受教育水平可以提供劳动者的劳动有效性，也有利于他们收入水平的提高。教育本身不仅可以使受教育者的工作技能提高，还可以对劳动者的价值观念、纪律性进行改

善，使受教育者有更高的社会责任感。

教育水平一般通过两个途径对居民收入差距造成影响。一个是社会根据受教育程度的不同，给予劳动者不同的就业岗位，使得不同受教育程度的个体的收入水平也不同。另一个是由个人自身素质不同造成，教育也可以看作是一种投资，因此也应该有相应报酬，这种报酬取决于投资的成本与收益的比较。我们可以从以下两个方面对我国的教育政策进行变革，使其有利于我国收入差距的缩小。

第一，加大对普通教育和职业教育的投入。加大教育的投入，既可以提高我国居民自身的技术水平，使得外资的技术溢出更加容易被我国吸收，还可以为我国劳动者创造相对公平的就业机会，提高劳动质量。因此，我们要继续坚持科教兴国的战略，重视普通教育和职业教育的发展，提高我国全民素质。使外国在我国的投资从劳动密集型行业转移到技术密集型行业，从而尽可能多地接触和学习国外的新技术和新产品，使得外资技术溢出更加显著，减小我国居民的收入差距。

第二，调整改善我国的高等教育结构。我国原来一直把职业教育作为高等教育的较低层次，实质上高等教育管理系统没有把职业教育纳入管理范围，应当把高等教育和职业教育作为同一层次的两个平行系统来看待，使高等学校不再把成为综合性研究大学作为唯一的发展目标。重视职业教育的发展，可以使得我国劳动者的动手能力和实际应用技能提高，更有利于对外资的技术溢出的学习和吸收。这样使得职业教育培养出各个层次的技术应用型人才，高等教育培养出研究型人才，使我国的人才分布格局更加合理，通过教育对各层次人员进行甄别和培养，实现人力资源的合理配置，提高人力资本的利用效率。

参考文献

[1] 蔡昉. 全球化、经济转型与中国收入分配优化的政策选择 [J]. 改革, 2006 (11): 5-12.

[2] 曹博. 贸易开放度、FDI、财政分权对收入分配的影响 [J]. 经济问题探索, 2015 (1): 128-134.

[3] 崔黎波. FDI对中国城乡居民收入差距的影响研究 [D]. 华东师范大学, 2011.

[4] 陈光金. 市场抑或非市场: 中国收入不平等成因实证分析 [J]. 社会学研究, 2010 (6): 86-115.

[5] 陈钧浩. 外资型贸易模式的国民收益 [D]. 上海社会科学院, 2014.

[6] 陈宗胜, 周云波. 非法非正常收入对居民收入差别的影响及其经济学解释 [J]. 经济研究, 2001 (4): 14-23.

[7] 陈宗胜. 中国居民收入分配差别的深入研究——评《中国居民收入分配再研究》[J]. 经济研究, 2000 (7): 68-71.

[8] 陈宗胜. 关于收入差别倒U曲线及两极分化研究中的几个方法问题 [J]. 中国社会科学, 2002 (5): 78-82.

[9] 陈宗胜, 高玉伟. 关于公有经济收入差别倒U理论的讨论与验证 (下) [D]. 南开大学, 2012.

[10] 陈宗胜. 再论改革与发展中的收入分配 [M]. 北京: 经济科学出版社, 2002.

[11] 陈宗胜. 中国城市居民收入分配差别现状、趋势及影响因素——以天津市为案例 [J]. 经济研究, 1997: 21-31.

[12] 陈宗胜. 倒U曲线的"阶梯形"变异 [J]. 经济研究, 1994.

[13] 陈利敏, 谢怀筑. 外商直接投资对我国工资水平的影响分析 [J]. 经济与管理评论, 2004, 20 (6): 31-35.

[14] 程永宏. 中国基尼系数及其分解分析 [M]. 北京：中国经济出版社, 2013.

[15] 程永宏. 基尼系数组群分解新方法研究：从城乡二亚组到多亚组 [J]. 经济研究, 2008 (8)：124 - 135.

[16] 程永宏. 中国基尼系数及其分解分析：理论、方法和应用 [M]. 北京：中国经济出版社, 2013.

[17] 戴枫. 要素禀赋框架下的 FDI 与我国地区收入差距分析——基于动态面板模型的 GMM 检验 [J]. 国际贸易问题. 2010 (5)：79 - 87.

[18] 戴枫. 贸易自由化与收入不平等——基于中国的经验研究 [J]. 世界经济研究, 2005 (10)：39 - 46.

[19] 戴枫, 王艳丽, 姜秀兰. 外资对东道国收入分配的影响：基于中国的实证分析 [J]. 国际贸易问题, 2007, 297 (9)：87 - 92.

[20] 丁建军. 贸易与收入不平等关系研究新进展 [J]. 经济学动态, 2012 (3)：130 - 135.

[21] 范爱军, 卞学宇. 服务贸易与货物贸易对我国收入差距扩大的影响及比较 [J]. 国际贸易问题, 2013 (6)：98 - 105.

[22] 冯晓玲, 张凡. 外商直接投资对中国收入贸易条件的影响分析 [J]. 世界经济研究. 2011 (04)：69 - 74.

[23] 费舒澜. 中国城乡收入差距的度量改进及分解研究 [D]. 浙江大学, 2014.

[24] 高寿华. 中国产品内贸易的收入分配效应研究 [D]. 浙江大学, 2008.

[25] 郭娜, 祁怀锦. 中国行业收入差距的度量及其对经济增长的效应分析 [J]. 中央财经大学学报, 2010 (3)：66 - 71.

[26] 韩军, 刘润娟, 张俊森. 对外开放对中国收入分配的影响——"南方谈话"和"入世"后效果的实证检验 [J]. 中国社会科学, 2015 (02)：24 - 40.

[27] 胡超. 对外贸易与收入不平等——基于我国的经验研究 [J]. 国际贸易问题, 2008 (3)：22 - 27.

[28] 康康. 西方收入分配理论回顾 [J]. 现代商贸工业, 2010 (08)：

175.

［29］阚大学．外资依存度与城乡收入差距的非参数估计——基于省级面板数据的实证研究［J］．国际贸易问题，2012（12）：104-111.

［30］蒋敬华．加入WTO对我国收入分配的影响［J］．北方经贸，2003（10）：29-30.

［31］李宁．贸易开放引致的我国多维收入分配失衡研究［D］．首都经济贸易大学，2013.

［32］刘晓靖．公平公正正义平等辨析［J］．郑州大学学报（哲学社会科学版）．2009（1）：14-17.

［33］刘建民，王蓓，吴金光．财政政策影响收入分配的区域差异效应研究——基于中国29个省级面板数据的SVAR模型检验［J］．中国软科学．2015（2）：110-116.

［34］刘仕国．外商直接投资对中国收入分配的影响——基于1998年~2006年工业企业面板数据动态计量分析［M］．北京：社会科学文献出版社，2012.

［35］刘力．对外贸易、收入分配与区域差距——对中国区域经济差距的贸易成因分析［J］．南开经济研究．2005（4）：58-62.

［36］林天星．促进我国收入分配合理化的财税政策研究［D］．首都经济贸易大学，2014.

［37］林江，黄亮雄，孙辉．贸易开放度与城乡收入差距存在倒U型关系吗——基于我国省际面板数据的非参数估计［J］．学术研究．2011（5）：81-88.

［38］陆万军．收入分配对经济增长的影响机理与传导机制［J］．经济学家．2012（5）：36-43.

［39］梁运文，霍震，刘凯．中国城乡居民财产分布的实证研究［J］．经济研究，2010（10）：33-47.

［40］马万里，李齐云，张晓雯．收入分配差距的财政分权因素：一个分析框架［J］．经济学家．2013（4）：13-23.

［41］马克思恩格斯列林斯大林著作编译局．马克思恩格斯选集（第2卷）［M］．北京：人民出版社，1995.

[42] 李实. 中国农村劳动力流动与收入增长和分配 [J]. 中国社会科学, 1999 (2): 16-33.

[43] 李实, 赵人伟, 张平. 中国经济转型与收入分配变动 [J]. 经济研究, 1998 (4): 42-51.

[44] 李实, 魏众, 丁赛. 中国居民财产分布不均等及其原因的经验分析 [J]. 经济研究, 2005 (6): 4-15.

[45] 李实, 罗楚亮. 中国城乡居民收入差距的重新估计 [J]. 北京大学学报: 哲学社会科学版, 2007 (2): 111-120.

[46] 李实. 中国经济转轨中劳动力流动模型 [J]. 经济研究, 1997 (1): 23-30.

[47] 李实. 中国个人收入分配研究回顾与展望 [C] //经济学 (季刊) 第2卷第2期 (总第6期). 2003.

[48] 李静茹. 西方经济学收入分配理论的比较研究 [D]. 东北财经大学, 2010.

[49] 李瑞琴. 国际产品内贸易对中国收入分配的效应研究——基于中国工业行业数据的经验分析 [J]. 财贸研究, 2011, 22 (6): 63-69.

[50] 李磊, 刘斌, 胡博, 等. 贸易开放对城镇居民收入及分配的影响 [J]. 经济学 (季刊). 2012 (1): 309-326.

[51] 李树培, 高连水, 魏下海. 贸易开放与发展中国家收入差距扩大——基于中国的理论与实证分析 [J]. 财经研究. 2009 (12): 96-106.

[52] 李栗. 收入分配差距的贫困度研究 [D]. 辽宁大学, 2012.

[53] 梁柱, 陈继勇. 中国地区间收入差距分析: 基于贸易开放视角的度量 [J]. 国际商务 (对外经济贸易大学学报). 2014 (1): 71-81.

[54] 潘洁. 西方收入分配理论的评述 [J]. 知识经济. 2010 (22): 176.

[55] 任亚飞. 居民收入分配差距与经济增长关系的实证分析 [D]. 安徽大学, 2014.

[56] 萨伊. 政治经济学概论 [M]. 北京: 商务印书馆, 1997.

[57] 沈颖郁, 张二震. 对外贸易、FDI与中国城乡收入差距 [J]. 世界经济与政治论坛. 2011 (6): 136-147.

[58] 孙浩进. 中国收入分配公平的制度变迁 [D]. 吉林大学, 2009.

[59] 孙文远,裴育.产品内国际分工对收入分配的影响研究[J].华东经济管理.2012,26(1):81-86.

[60] 滕瑜,朱晶.中间产品贸易对我国熟练和非熟练劳动力收入分配的影响——基于工业部门31个细分行业的实证分析[J].国际贸易问题.2011(05):3-13.

[61] 滕瑜.贸易开放对我国农民非农收入的影响[D].南京农业大学,2010.

[62] 唐莉,姚树洁,王建军.基尼系数分解分析中国城市居民收入不平等[J].数量经济技术经济研究,2006,23(11):31-37.

[63] 唐东波,王洁华.贸易扩张、危机与劳动收入份额下降——基于中国工业行业的实证研究[J].金融研究.2011(09):14-26.

[64] 盛仕斌,徐海.要素价格扭曲的就业效应研究[J].经济研究,1999(5):66-72.

[65] 王少平,欧阳志刚.我国城乡收入差距的度量及其对经济增长的效应[J].经济研究,2007(10):44-55.

[66] 王小鲁,樊纲.中国收入差距的走势和影响因素分析[J].经济研究.2005(10):24-36.

[67] 王小鲁,樊纲.中国地区差距的变动趋势和影响因素[J].经济研究,2004(1):33-44.

[68] 王小鲁,樊纲,刘鹏,等.中国经济增长方式转换和增长可持续性[J].经济研究,2009(1):44-47.

[69] 樊纲,王小鲁,马光荣.中国市场化进程对经济增长的贡献[J].经济研究,2011(9):4-16.

[70] 王小鲁.我国国民收入分配现状、问题及对策[J].国家行政学院学报,2010(3):23-27.

[71] 王小鲁.解决收入分配问题要靠制度改革[J].中国党政干部论坛.2013(3):11-14.

[72] 王小鲁.中国收入分配向何处去?[J].国家行政学院学报,2006(1):20-23.

[73] 王小鲁.我国收入分配现状、趋势及改革思考[J].中国市场,

2010 (20): 8-19.

[74] 王小鲁. 灰色收入与居民收入差距 [J]. 中国税务, 2007 (10): 48-49.

[75] 王小鲁. 收入差距过大: 储蓄过度消费不足的内在原因 [J]. 开放导报, 2007 (5): 34-36.

[76] 王涛, 赵丹. 对外贸易与行业收入差距——基于中国省级面板数据的考察 [J]. 经济问题探索. 2015 (5): 107-111.

[77] 王云飞. 我国贸易发展与居民收入差距——基于地区面板数据的检验 [J]. 财贸研究. 2008 (5): 41-47.

[78] 王云飞, 朱钟棣. 贸易发展、劳动力市场扭曲与要素收入分配效应: 基于特定要素的短期分析 [J]. 世界经济. 2009 (1): 3-12.

[79] 吴国锋, 谢建国. 对外贸易与中国劳动者的收入份额——基于1978-2012年中国省际面板数据的研究 [J]. 国际贸易问题. 2015 (4): 66-74.

[80] 吴海江. 中国贸易开放对城乡居民收入差距的影响 [D]. 浙江大学, 2014.

[81] 吴云飞. 我国个人收入分配税收调控研究 [M]. 上海: 复旦大学出版社, 2001.

[82] 魏浩, 赵春明. 对外贸易对我国城乡收入差距影响的实证分析 [J]. 财贸经济. 2012 (1): 78-86.

[83] 魏浩, 耿园. 对外贸易与中国的城乡收入差距 [J]. 世界经济研究. 2015 (7): 89-99.

[84] 文娟, 孙楚仁. 国际贸易对我国收入分配的影响——基于基尼系数的实证分析 [J]. 国际贸易问题. 2008 (11): 15-23.

[85] 问泽霞. 农产品对外贸易对我国农村居民收入差距的影响 [D]. 南京林业大学, 2013.

[86] 肖晓军. 服务贸易开放与我国居民收入差距——基于不同组成部分的比较研究 [J]. 河北经贸大学学报, 2015 (2).

[87] 肖文, 周明海. 贸易模式转变与劳动收入份额下降——基于中国工业分行业的实证研究 [J]. 浙江大学学报 (人文社会科学版). 2010 (5): 154-163.

[88] 萧政. 面板数据分析 [M]. 北京：中国人民大学出版社，2012.

[89] 行智国. 入世与我国城乡居民收入差距 [J]. 价格月刊. 2002（1）：10-11.

[90] 亚当·斯密. 国民财富的性质和原因的研究（上、下卷）[M]. 北京：商务印书馆，2008.

[91] 约翰·穆勒. 政治经济学原理及其在社会哲学上的若干应用 [M]. 北京：商务印书馆，1998.

[92] 约翰·贝茨·克拉克. 财富的分配 [M]. 北京：商务印书馆，1983.

[93] 袁冬梅，魏后凯，杨焕. 对外开放、贸易商品结构与中国城乡收入差距——基于省际面板数据的实证分析 [J]. 中国软科学. 2011（6）：47-56.

[94] 易丹辉. 数据分析与 eviews 应用 [M]. 北京：中国人民大学出版社，2014.

[95] 尹文静. 产品内贸易对我国收入分配影响的差异性分析 [D]. 山东大学，2013.

[96] 姚丹，毛传新. 国际贸易对我国区域城乡收入差距的影响研究 [J]. 国际商务（对外经济贸易大学学报）. 2013（2）：15-25.

[97] 姚鹏，孙久文. 贸易开放与区域收入空间效应——来自中国的证据 [J]. 财贸经济. 2015（1）：132-142.

[98] 姚鹏，孙久文. 贸易开放、人力资本与中国区域收入空间效应——基于地级及以上行政区域经验数据分析 [J]. 经济理论与经济管理. 2015（2）：101-112.

[99] 曾国彪，姜凌. 贸易开放、地区收入差距与贫困：基于CHNS数据的经验研究 [J]. 国际贸易问题，2014（3）：72-85.

[100] 赵晓霞. 对外贸易、FDI与中国城乡居民收入结构变化的对比研究——来自中国省际面板数据的证据 [J]. 国际贸易问题，2010（9）：22-27.

[101] 赵晓霞. 对外贸易、FDI与中国城乡居民收入变化：理论分析与实证研究 [D]. 浙江大学，2009.

[102] 赵自芳，史晋川. 中国要素市场扭曲的产业效率损失——基于

DEA 方法的实证分析 [J]. 中国工业经济, 2006 (10): 40-48.

[103] 赵锦春, 谢建国. 需求结构重叠与中国的进口贸易——基于收入分配相似的实证分析 [J]. 国际贸易问题. 2014 (1): 27-42.

[104] 赵锦春, 谢建国. 收入分配与进口需求——基于我国省际面板数据的门限回归分析 [J]. 国际贸易问题. 2013 (8): 13-24.

[105] 赵莹. 中国的对外开放和收入差距 [J]. 世界经济文汇. 2003 (4): 55-70.

[106] 赵人伟, 李实. 中国居民收入差距的扩大及其原因 [J]. 经济研究, 1997 (9): 19-28.

[107] 周杰. 中国对外贸易对区域收入差距的效应研究 [D]. 西南财经大学, 2012.

[108] 周克清, 毛锐. 税制结构对收入分配的影响机制研究 [J]. 税务研究. 2014 (7): 24-29.

[109] 张莉, 李捷瑜, 徐现祥. 国际贸易、偏向型技术进步与要素收入分配 [J]. 经济学（季刊）. 2012 (2): 409-428.

[110] Adams, Samuel. "The Impact of Privatization on Economic Growth and Income Inequality in Sub-Saharan Africa." Journal of Social Political & Economic Studies 31 (2006).

[111] Abida, Zouheir, and I. M. Sghaier. "Economic Growth and Income Inequality: Empirical Evidence from North African Countries." Asian Economic & Financial Review 2.1 (2012): 142-154.

[112] Acemoglu D, Verdier T. Property Rights, Corruption and the Allocation of Talent: a General Equilibrium Approach [J]. Economic Journal, 1998, 108 (450): págs. 1381-1403.

[113] Acemoglu, Daron. "Technical Change, Inequality, and the Labor Market" Journal of Economic Literature 40.1 (2002): 7-72.

[114] Acemoglu and Robinson, 2002, "The Political Economy of the Kuznets Curve", Review of Development Economics, 6 (2), 183-203.

[115] Adelman M. A., the measurement of industrial concentration. "The review of economics and statistics", 1951. 33 (4). 269-296.

[116] Ahluwalia, Montek, N. G. Carter and Hollis Chenery. 1976. "Growth and Poverty in Developing Count ries" Journal of Development Economics, vol. 6, 299 – 341.

[117] Altenburg, Tilman, and J. Meyer – Stamer. "How to Promote Clusters: Policy Experiences from Latin America." *World Development* 27.9 (1999): 1693 – 1713.

[118] Angulo, Jesus A. "Econmic growth and income inequality in brazil: analizing the comparable minimum areas.." Journal of Neurochemistry 58.3 (1992): 1104 – 1109.

[119] Atkinson Anthony B., Brandolini Andrea, "On Analyzing the World Distribution of Income", World Bank Econ. Rev., 24, 1, 2010, P1 – 37.

[120] Atkinson, A. B., and J. E. Sogaard. "The long – run history of income inequality in Denmark: Top incomes from 1870 to 2010." Epru Working Paper (2013).

[121] Avalos, Antonio, and F. A. Savvides. "On the Determinants of the Wage Differential in Latin America and East Asia: Openness, Technology Transfer and Labor Supply." Private Sector.

[122] Backlund Eric, Rowe Geoff, Lynch John, "Income inequality and mortality: a multilevel prospective study of 521 248 individuals in 50 US states", INT J EPIDEMIOL, 36, 3, 2007, P590 – 596.

[123] Barro R. J., "Inequality and Growth in a panel of countries". Journal of economic growth, 2000.5 (1): 5 – 32.

[124] Barro, R. and X. Sala – i – Martin, 1995, Economic Growth, McGraw – Hill, London.

[125] Benabou R., Inequality and growth. NBER Macroeconomics Annual 1996, Volume 11. 1996: MIT Press. 11 – 92.

[126] Bond, Eric W. "Entrepreneurial ability, income distribution, and international trade." Journal of International Economics 20. 1986: 343 – 356.

[127] Bourguignon, Franois, 2003, "The Poverty – Growth – Inequality Triangle", paper prepared for a Conference on Poverty, Inequality and Growth,

Agence Fran ai se de Développement EU Development Network, Paris, November 13.

[128] Breivik, Asbjørn Johan, et al. "A refinement of the relationship between economic growth and income inequality." Journal of Geophysical Research 46.46 (2014): 3351 – 3361.

[129] Cecilia, García – Peñalosa, and S. J. Turnovsky. "Growth, Income Inequality, and Fiscal Policy: What Are the Relevant Trade – offs?." Journal of Money Credit & Banking 39.2 – 3 (2007): 369 – 394.

[130] Cline, William R. "Trade and Income Distribution: The Debate and New Evidence." Policy Briefs (1999).

[131] Crotty. J., Epstein G., In defense of capital controls. Socialist register, 1996.

[132] Deininger, Klaus and Lyn Squire, 1996, "A New Data Set Measuring Income Inequality", World Bank Economic Review, 10 (3): 565 – 591.

[133] Chen, Ling, et al. "Method and apparatus of generating PDMAT precursor." US, US 7270709 B2. 2007.

[134] Demczar, D J,, A. N. Nafziger, and J. S. Bertino. "Pharmacokinetics of gentamicin at traditional versus high doses: implications for once – daily aminoglycoside dosing.." *Antimicrobial Agents & Chemotherapy* 41.5 (1997): 1115 – 9.

[135] Dixit A. K., Stiglitz J. E, Monopolistic Competition and Optimum Product Diversity, The American Economic Review, 1977 (67), 297 – 308.

[136] Dinopoulos, E., C. Syropoulos, and B. Xu: Intra – Industry Trade and Wage Income Inequality, mimeo, University of Florida, 2001.

[137] Dunning J H. Globalization and the new geography of foreign direct investment [J]. Oxford Development Studies, 1998, 26 (1): 47 – 69.

[138] Edwards, Sebastian. "Trade Policy, Growth, and Income Distribution.." American Economic Review 87.2 (1997): 205 – 10.

[139] Edwards L. Testing the Discourse of Declining Policy Capacity: Rail Policy and the Department of Transport [J]. Australian Journal of Public Administration, 2009, 68 (3): 288 – 302.

[140] Egger, Hartmut, and D. Etzel. "The impact of trade on employment, welfare, and income distribution in unionized general oligopolistic equilibrium." European Economic Review 56.6 (2012): 1119 – 1135.

[141] Ekholm, K. & K. H. Midelfart, Relative wages and trade – induced changes in technology, European Economic Review, 2005 (49), 1637 – 1663.

[142] Epstein, P., P. Howlett, and M. S. Schulze. "Trade, convergence, and globalisation: The dynamics of the international income distribution, 1950 – 1998." Explorations in Economic History 44.1 (2007): 100 – 113.

[143] Esquivel G, RodríGuez – López J A. Technology, trade, and wage inequality in Mexico before and after NAFTA [J]. Journal of Development Economics, 2003, 72 (2): 543 – 565.

[144] Evans, C H,, and P. D. Robbins. "Pathways to gene therapy in rheumatoid arthritis.." *Current Opinion in Rheumatology* 8.3 (1996).

[145] Feenstra, Robert C, and G. H. Hanson. "Foreign direct investment and relative wages: Evidence from Mexico's maquiladoras." *Journal of International Economics* 42.3 – 4 (1995): 371 – 393.

[146] Feliciano, Zadia, and R. E. Lipsey. "Foreign Ownership and Wages in the United States, 1987 – 1992." *Nber Working Papers* (1999).

[147] Galor, Oded, and J. Zeira. "Income Distribution and Macroeconomics.." Review of Economic Studies 60.1 (1989): 35 – 52.

[148] Glomm, Gerhard, and B. Ravikumar. "Growth – Inequality Trade – Offs in a Model with Public Sector R&D." Canadian Journal of Economics27.2 (1994): 484 – 93.

[149] Gottschalk, Peter, and T. M. Smeeding. "Cross – National Comparisons of Earnings and Income Inequality." Journal of Economic Literature35. 35 (1997): 633 – 687.

[150] Goh, Chor Ching, X. Luo, and N. Zhu. "Income growth, inequality and poverty reduction: A case study of eight provinces in China." Ssrn Electronic Journal 20.3 (2009): 485 – 496.

[151] Gourdon, Julien. "Openness, inequality and poverty: Endowments

matter." Journal of International Trade & Economic Development An International & Comparative Review 17.3 (2008): 343 – 378.

[152] Gregorio J. D., Lee J. W., "Education and income inequality: new evidence from cross – country data.", Review of Income and Wealth, 2002.48 (3). 395 – 416

[153] Heckscher, Eli F., and E. F. Heckscher. "The Effect of Foreign Trade on the Distribution of National Income." Ekonomisk Tidskrift 21 (1919).

[154] Heshmati, Almas, and S. Lee. "The Relationship between Globalization, Economic Growth and Income Inequality." General Information 1.2 (2010).

[155] Ishak Shari. "economic growth and income inequality in malaysia, 1971 – 95." Journal of the Asia Pacific Economy volume 5.1 (2000): 112 – 124.

[156] Jones Ronald W., "Technology and Income Distribution Issues in Trade Models", CESifo Economic Studies, 54, 4, 2008, P551 – 562.

[157] Jones, Ronald W. "Income distribution and effective protection in a multicommodity trade model." Journal of Economic Theory 11.1 (1975): 1 – 15.

[158] Johnson, Harry G. "International Trade, Income Distribution, and the Offer Curve." American Journal of Physical Medicine & Rehabilitation27.3 (1959): 241 – 260.

[159] Kanbur, Ravi, Venables Anthony and Guanghuan Wan. "Introduction to a Special Issue: Spatial Inequality and Development in Asia", Review of Development Economics, 2005 (9), 1 – 5.

[160] Kanbur, R. and Zhang, X., "Which regional inequality? The evolution of rural – urban and inland – coastal inequality in China from 1983 to 1995", Journal of Comparative Economics, 1999 (27), 686 – 701.

[161] Kanbur, Ravi and Zhang, Xiaobo, "Fifty Years of Regional Inequality in China: A Journey through Central Planning, Reform and Openness" Review of Development Economics, 2005 (9), 87 – 106.

[162] Kawachi, I., et al. "Social capital, income inequality, and mortality.." American Journal of Public Health 87.9 (1997): 7 – 17.

[163] Kaplan, G A,, et al. "Inequality in income and mortality in the Unit-

ed States: analysis of mortality and potential pathways.." Bmj312.7037（1996）: 999 – 1003.

［164］Knight J. B., Sabot R. H., "Educational expansion and the Kuznets effect". The American Economic Review, 1983.73（5）1132 – 1136.

［165］Kpodar Kangni, Djiofack Calvin, "The Distributional Effects of Oil Price Changes on Household Income: Evidence from Mali", J. Afr. Econ., 19, 2, 2010, P205 – 236.

［166］Krüger, Dirk, and F. Perri. "Does Income Inequality Lead to Consumption Inequality?." Review of Economic Studies 73（2002）.

［167］Krugman, Paul, A Model of Innovation, Technology Transfer, and the World Distribution of Income, Journal of Political Economy, 1979（87）, pp253 – 266.

［168］Krugman, Paul R, Technology, Trade and Factor Prices, Journal of International Economics, 2000（50）, pp51 – 71.

［169］Krugman, Paul, Increasing Returns and Economic Geography, Journal of Political Economy, 1991（99）, pp 483 – 499.

［170］Krugman, Paul and Raúl Livas Elizondo, Trade Policy and the Third World Metropolis, Journal of Development Economics, 1996（49）, 137 – 150.

［171］Krusell, Per, et al. "Capital – skill Complementarity and Inequality: A Macroeconomic Analysis." Econometrica 68.5（2000）: 1029 – 1053.

［172］Kuznets, Simon, 1955, "Economic Growth and Income Inequality", The American Economic Review, Vol.45, No.1, 1 – 28.

［173］Kuznets, Simon. Economic Growth and Income Inequality. Lap Lambert Academic Publishing, 2010.

［174］Lall, Sanjaya. "International Pharmaceutical Industry and Less – Developed Countries: I: Oligopolistic Power of Leading Firms." *Economic & Political Weekly* 9.47（1974）: 1947 – 1958.

［175］Leamer, Edward E. "Trade Policy and Income Distribution. Free Trade within North America: Expanding Trade for Prosperity.", Springer US, 1993: 129 – 136.

[176] Lipsey, Robert E, and F. Sjöholm. "Foreign direct investment, education and wages in Indonesian manufacturing." *Social Science Electronic Publishing* 73.1 (2001): 415-422.

[177] Litwin, Carol. "Trade and Income Distribution in Developing Countries." Working Papers in Economics (1998).

[178] Lotufo Paulo A., Bensenor Isabela M., "Income inequality and male homicide rates: Sao Paulo, Brazil, 1996-2007", EUR J PUBLIC HEALTH, 19, 6, 2009, P602-604.

[179] Lucas, R. E., 1988, "On the Mechanics of Economic Development", Journal of Monetary Economics, 22, 3-42.

[180] Lu, Ding. "Rural-urban income disparity: impact of growth, allocative efficiency, and local growth welfare." China Economic Review volume 13.4 (2002): 419-429.

[181] Maddison, A., 1998, Chinese Economic Performance in the Long Run, OECD publication, France.

[182] Melo, De, et al. "Trade adjustment policies and income distribution in three archetype developing economies." Journal of Development Economics 10.1 (1982): 67-92.

[183] Melo, Jaime De, and S. Robinson. "The impact of trade policies on income distribution in a planning model for Colombia." Journal of Policy Modeling 2.1 (1980): 81-100.

[184] Mookherjee, Dilip, and A. Shorrocks. "A Decomposition Analysis of the Trend in UK Income Inequality.." *Economic Journal* 92.92 (1982): 886-902.

[185] Neary, Peter J., Foreign Competition and Wage Inequality, Review of International Economics, 2002 (10), 680-693.

[186] Nielsen F., Alderson A. S., The Kuznets curve and the great U-turn: income inequality in US countries, 1970 to 1990. American Sociological Rewiew, 1997, 12-33.

[187] Nolan, Brain, and B. Maître. Economic Growth and Income Inequality:

Setting the Context. Quality of Life in Ireland. Springer Netherlands, 2008: 27 – 41.

[188] Obstfeld M, Rogoff K S. New Directions in Stochastic Open Economy Models [J]. Journal of International Economics, 2000, 50 (1): 117 – 153.

[189] Obstfeld, Maurice, and A. M. Taylor. "The Great Depression as a Watershed: International Capital Mobility over the Long Run." *Cepr Discussion Papers* (1999).

[190] OSAWA Mari, "Introduction: Income Inequality, Social Exclusion and Redistribution", Soc. Sci. Jpn. Res., 13, 1, 2010, P1 – 3.

[191] Oscar Torres – Reyna, "Getting Started in Fixed/Random Effects Models using R", Data & statistcal services, 2010, P16.

[192] Pavcnik N, Blom A, Goldberg P, et al. Trade Liberalization and Industry Wage Structure: Evidence from Brazil [J]. World Bank Economic Review, 2004, volume 18 (3): 319 – 343 (25).

[193] Persson T., TabelliniG., Is inequality harmful for growth? American Economic Review, 1994. 84 (3). 600 – 621.

[194] Piketty, Thomas, and E. Saez. "Income Inequality In The United States, 1913 – 1998." Quarterly Journal of Economics 118. 1 (2003): 1 – 39.

[195] Raphael D. Daiches, "Equality and Equity", Cambridge University Press on behalf of Royal Institute of Philosophy, Vol. 21, No. 79 (Jul., 1946), 1946, P118 – 132.

[196] Rehme, G. "Education, Economic Growth and Personal Income Inequality across Countries.." General Information (1999).

[197] Richardson, J. David. "Income Inequality and Trade: How to Think, What to Conclude.." Journal of Economic Perspectives 9. 9 (1995): 33 – 55.

[198] Rivera – Batiz, Francisco L. "Trade Theory, Distribution of Income, and Immigration." American Economic Review 73. 73 (1983): 183 – 87.

[199] Robert M. Townsend Kenichi Ueda, "Financial Deepening, Inequality, and Growth: A Model – Based Quantitative Evaluation", The Review of Economic Studies, No. 1 (jan., 2006), 2006, P251 – 280.

[200] Rodríguez – Pose, Andrés, and V. Tselios. "Inequalities in income

and education and regional economic growth in western Europe." Annals of Regional Science 44. 2 (2010): 349 – 375.

[201] Rodrik, D., Has Globalization Gone Too Far? Washington, D. C: Institute for International Economics, 1997.

[202] Rodrik, D., The New Global Economy and Developing Countries: Making Openness Work, ODC Policy Essay, No. 24 (Washington, DC).

[203] Romer, P. M., 1986, "Increasing Returns and Long – run Growth", Journal of Political Economy, 94, 1002 – 1037.

[204] Santos – Paulino, Amelia U. "Trade, Income Distribution And Poverty In Developing Countries: A Survey." Unctad Discussion Papers (2012).

[205] Squire, L Yn, and L. Y. Squire. "Economic Growth and Income Inequality: Reexamining the Links." Nankai Economic Studies (2002).

[206] Scully, Gerald W. "Optimal Taxation, Economic Growth and Income Inequality." Public Choice 115. 3 – 4 (2003): 299 – 312.

[207] Shin, Inyong. "Income Inequality and Economic Growth." Economic Modelling 29. 5 (2012): 2049 – 2057.

[208] Simon X. B. ZHAO, and L. ZHANG. "Economic Growth and Income Inequality in Hong Kong: Trends and Explanations." China An International Journal 3. 1 (2005): 74 – 103.

[209] Spilimbergo, Antonio, J. L. Londoño, and M. Székely. "Income distribution, factor endowments, and trade openness." Idb Publicationsvolume 59. 1 (1997): 77 – 101.

[210] Song, Tao, T. Zheng, and L. Tong. "An empirical test of the environmental Kuznets curve in China: A panel cointegration approach." China Economic Review 19. 3 (2008): 381 – 392.

[211] Sommeiller, Estelle. "Regional income inequality in the United States, 1913—2003." Dissertations & Theses – Gradworks 19. 4 (2007): 637 – 644.

[212] Solow, R. M., 1956, "A Contribution to the Theory of Economic Growth", Quarterly Journal of Economics, 70, February, 65 – 94.

[213] Stephen Knowles. "Inequality and Economic Growth: The Empirical

Relationship Reconsidered in the Light of Comparable Data. " Journal of Development Studies 41. 1 (2005): 135 – 159.

[214] Sreenivasan Gopal, "Ethics and Epidemiology: The Income Debate", PUBLIC HEALTH ETH – UK, 2, 1, 2009, P45 – 52.

[215] Srivastava S. Globalization and the Quality of Foreign Direct Investment. (Book Review) [J]. Asean Economic Bulletin, 2003 (August).

[216] Stockhammer Engelbert, Onaran Ozlem, Ederer Stefan, "Functional income distribution and aggregate demand in the Euro area", Camb. J. Econ., 33, 1, 2009, P139 – 159.

[217] Swan, T. W., 1956, "Economic Growth and Capital Accumulation", Economic Record, 32, 334 – 361.

[218] Tabassum, Amina, and M. T. Majeed. "Economic Growth and Income Inequality Relationship: Role of Credit Market Imperfection. " Pakistan Development Review 47. 4 (2008): 727 – 743.

[219] Tibergen J., Economic Policy: Priciples and Dsign, 1956.

[220] Tinbergen J., Substitution of academically trained by other manpower. Weltwirstchaftliches archiv, 1975. 111 (3) . 466 – 476

[221] Varian HR, "Equity, envy, and efficiency", Journal of Economic Theory, 9 (1), 1974, P63 – 91.

[222] Wahiba, Nasfi Fkili, and M. E. Weriemmi. "The Relationship Between Economic Growth and Income Inequality. " International Journal of Economics & Financial Issues 4 (2014): 135 – 143.

[223] Weede, Erich. "The impact of military participation on economic growth and income inequality: some new evidence. " Journal of Political & Military Sociology 21. 2 (1993): 241 – 258.

[224] Whalley John, Yue Ximing, "Rural Income Volatility and Inequality in China", CESifo Economic Studies, 55, 3 – 4, 2009, P648 – 668.

[225] Yu – Feng L. Lee. "Economic Growth and Income Inequality: the modern Taiwan experience. " Journal of Contemporary China 17. 55 (2008): 361 – 374.

[226] Zhuang, Juzhong, E. De Dios, and A. L. Martin. "Governance and Institutional Quality and the Links with Economic Growth and Income Inequality: With Special Reference to Developing Asia." Adb Economics Working Paper 193 (2010).

后　　记

　　历经几载春秋，本书的写作终于完成，共同富裕是人类社会的共同追求，与此相关的社会收入分配也就成为现代经济学者重点关注的问题之一，居民收入差距过大会影响人民的幸福感，并且关系到社会经济的发展、繁荣与稳定。如果居民贫富差距过大，将不利于国家和社会的稳定发展，合理地解决这个问题有助于我国经济健康、有序的可持续发展。本书运用历史视角采用理论和经验二分法展开对收入分配研究的回顾与梳理，总结了我国贸易和外资开放对收入分配影响研究的文献讨论，通过对理论发展脉络和经验研究的比较和归纳，完成对现有贸易、外资开放对收入分配问题影响的清晰认知，并在此基础上，结合中国国情，探讨相关理论和实证方法的适用性与选择问题。进而从贸易、外资开放和收入分配的发展脉络和事实归纳出发，从历史和空间视角梳理我国对外贸易、外商直接投资及收入分配发展历程，然后归纳总结了对外贸易、外商直接投资影响收入差距的机制，利用数据挖掘的技术，将影响城乡居民收入差距的对外贸易、外商直接投资、人均国内生产总值、固定投资以及受教育程度等因素引入实证研究模型，并特别用进口依存度和出口依存度作为代表贸易开放度的变量，引入各变量的平方项进行拟合验证，得出关于贸易、外资对城乡居民收入差距具有显著影响的结论。最后结合丁伯根原则，基于价值理性，提出通过外资政策、贸易政策和收入分配政策三方面的政策协同作用，来促进收入分配差距问题的合理解决，以实现我国经济高质量发展。

　　本书的完成要感谢同事们的鼓励和支持，在写作过程中遇到了各种困扰，同事的鼓励和家人的殷切关怀给了我坚持下去的动力。尤其要感谢赵丹博士，在本书研究所需数据多方获取不得时，赵博士雪中送炭，使得研究得以继续进行。同时感谢对本书的写作做出贡献的河南省农村社会事业发展服务中心的经济师刘波老师，刘老师参与了本书农村收入情况的信息梳理和书写，对本书的顺利完成有一定的贡献。

感谢本书的编辑老师和中国财政经济出版社，是他们的认真付出以及合理的进度安排才使得本书得以最终出版。

虽然作者在写作过程中付出诸多心血，对本书的内容和观点、思想经过慎重的把握，也邀请了专家进行审核，但由于能力有限，本书或许还存在不足之处，欢迎大家提出宝贵意见，共同探讨，以求进步。